짧고 쉬운 일상 회화만 뽑아 쓰는

만만한 생활 중국어

이보고, 임대근 지음

2

만만한 생활 중국어 2

초판발행	2017년 9월 1일
1판 2쇄	2020년 10월 15일
저자	이보고, 임대근
책임 편집	가석빈, 최미진, 高霞
펴낸이	엄태상
디자인	진지화
콘텐츠 제작	김선웅, 전진우, 김담이
마케팅	이승욱, 전한나, 왕성석, 노원준, 조인선, 조성민
경영기획	마정인, 최성훈, 정다운, 김다미, 전태준, 오희연
물류	정종진, 윤덕현, 양희은, 신승진
펴낸곳	시사중국어사(시사북스)
주소	서울시 종로구 자하문로 300 시사빌딩
주문 및 교재 문의	1588-1582
팩스	0502-989-9592
홈페이지	http://www.sisabooks.com
이메일	book_chinese@sisadream.com
등록일자	1988년 2월 13일
등록번호	제1-657호

ISBN 979-11-5720-083-2 14720
　　　979-11-5720-081-8(set)

* 이 책의 내용을 사전 허가 없이 전재하거나 복제할 경우 법적인 제재를 받게 됨을 알려 드립니다.
* 잘못된 책은 구입하신 서점에서 교환해 드립니다.
* 정가는 표지에 표시되어 있습니다.

이제 중국어가 만만해집니다!

"중국어는 어렵다"라는 이야기를 종종 듣습니다. "왜 그런가요?"라고 되물으면 대부분 두 가지 대답이 돌아옵니다. "발음 때문에요." 또는 "한자 때문에요."라는 이유입니다. 발음과 한자가 중국어 배우기의 발목을 잡고 있는 셈이지요. 하지만 중국어는 생각보다 쉬운 언어입니다.

- 발음이 어렵다고 느껴지는 까닭은 우리말에서 쓰지 않는 혀의 근육을 움직여야 하므로 생소한 발음을 내야 하기 때문입니다. 하지만 이것은 혀와 입 운동을 자주 하다 보면 익숙해지기 마련입니다. 게다가 현대 중국어에서 소리를 낼 수 있는 발음은 400개 남짓에 불과합니다. 여기에 성조(4개 기본 성조와 9개 성조 결합)를 더하여 잘 익힌다면 중국어로 말하기가 만만해질 것입니다.

- 한자에 대한 부담감은 학습 초기에는 떨쳐내는 것이 좋습니다. 요즘은 한자를 손으로 직접 쓰기보다는 자판 위에서 선택하는 일이 많아졌습니다. 처음부터 한자를 외워야 한다는 부담에서 벗어나 어떤 글자를 어떻게 읽는지 '알아보기' 연습만으로 충분합니다. 어느 경우든 말 배우기는 소리가 먼저이고 글자는 그 다음입니다. 소리에 먼저 익숙해지면, 차츰 글자에도 익숙해지게 됩니다. 지금 할 수 있는 말을 당장 한자로 써야 하는 것은 아닙니다.

「만만한 생활 중국어」는 학습자들이 호소해 왔던 두 가지 어려움을 잘 이겨낼 수 있도록 기획했습니다. 발음 학습 내용을 발음북으로 분리하여 처음부터 발음 연습에 대한 중압감을 갖지 않도록 하는 동시에 언제라도 관련 내용을 확인할 수 있도록 했습니다. 또한 본문 구성에서도 우리에게 익숙한 한어병음방안 연습을 통해 한자 자체보다는 소리에 집중할 수 있도록 했습니다.

중국어는 무엇보다 큰 소리로 읽으면서 공부해야 합니다. 본문의 문장과 함께 제공되는 원어민의 녹음을 따라 여러 번 반복하여 큰 소리로 읽기 연습을 하길 바랍니다. 손으로 글자를 쓰는 일은 조금 뒤로 미뤄도 됩니다. 우선 소리에 익숙해지는 것이 가장 중요합니다. 이에 유의하여 이 책을 공부하다 보면, 생활 회화는 물론, 중국 여행에서 유용하게 써먹을 수 있는 중국어 표현들이 만만하게 느껴질 것입니다. 이제 「만만한 생활 중국어」로 중국어의 기초를 닦아 보세요.

2017년
이보고·임대근

차례

- 머리말 3
- 차례 4
- 학습 내용 5
- 이 책의 활용 6
- 일러두기 8

01 방학은 잘 지냈니? ·········· 10
假期过得怎么样?　Jiàqī guò de zěnmeyàng?

02 너에게 내 친구를 소개할게. ·········· 22
我给你介绍一下我的朋友。　Wǒ gěi nǐ jièshào yíxià wǒ de péngyou.

03 만만한 복습 01~02 ·········· 34

04 아직도 게임하고 있니? ·········· 40
你还在玩儿游戏吗?　Nǐ hái zài wánr yóuxì ma?

05 나는 매일 한 시간씩 달려. ·········· 52
我每天跑一个小时。　Wǒ měitiān pǎo yí ge xiǎoshí.

06 만만한 복습 04~05 ·········· 64

복습 복습 I ·········· 70

07 예전보다 돈을 더 많이 써. ·········· 76
花钱比以前更多了。　Huāqián bǐ yǐqián gèng duō le.

08 시간이 되면 공연을 보러 와. ·········· 88
如果有时间，来看我的演出。　Rúguǒ yǒu shíjiān, lái kàn wǒ de yǎnchū.

09 만만한 복습 07~08 ·········· 100

10 옷과 가방은 여기에 두세요. ·········· 106
你把衣服和包放在这儿吧。　Nǐ bǎ yīfu hé bāo fàng zài zhèr ba.

11 나 차인 것 같아. ·········· 118
我好像被甩了。　Wǒ hǎoxiàng bèi shuǎi le.

12 만만한 복습 10~11 ·········· 130

복습 복습 II ·········· 136

- 모범 답안 143

학습 내용

과	학습 목표	주요 표현
01	**인사하기 / 안부 묻기** 안부를 묻는 인사말과 자신의 근황에 대해 이야기하는 표현을 학습합니다.	• 假期过得怎么样? • 一会儿给你看看。 • 别担心。 • 下次你一定会考得好。
02	**친구 소개하기** 친구를 소개하는 표현과 是…的 강조 표현을 학습합니다.	• 认识你很高兴! • 我给你介绍一下我的朋友。 • 你是什么时候来中国的? • 他又帅又热情。
03	**중간복습** 1~2과의 주요 표현을 복습하며 긴 회화로 학습합니다.	
04	**현재 진행으로 말하기** 현재 진행형으로 말하는 표현과 전화 대화에 관련된 표현을 학습합니다.	• 你在干什么呢? • 你一说我就饿了。 • 我已经等了你三十分钟了。 • 我看,你可能是消化不良。
05	**취미 묻기** 서로의 취미에 대해 이야기하고 시간에 관련된 표현을 학습합니다.	• 你每天跑多长时间? • 我每天早上跑一个小时。 • 没想到你会做菜。 • 味道好极了!
06	**중간복습** 4~5과의 주요 표현을 복습하며 긴 회화로 학습합니다.	
복습Ⅰ	**총복습** 1~6과의 학습 내용을 다양한 문제 형식으로 복습합니다.	
07	**비교하여 말하기** 비교하여 말하기와 경험의 유무를 나타내는 표현을 학습합니다.	• 从六点到七点是下班高峰期。 • 你坐过高铁吗? • 高铁比普通火车快两倍。 • 价钱跟以前用的差不多。
08	**가정법 말하기** '만약 ~라면'의 가정 표현과 자신의 생각과 견해를 말하는 표현을 학습합니다.	• 如果有时间的话,来看我的演出吧。 • 我以为他只是普通学生。 • 我喜欢爵士或者古典音乐。 • 因为朋友叫我去看,所以我就去了。
09	**중간복습** 7~8과의 주요 표현을 복습하며 긴 회화로 학습합니다.	
10	**把구문 익히기** 음식점에서의 대화와 把의 활용법을 학습합니다.	• 请告诉我您的姓名和联系方式。 • 你们把衣服和包放在这儿吧。 • 先看一下菜单,然后再点菜。 • 这是送给你的优惠券。
11	**被구문 익히기** 가까운 미래 표현과 被의 활용법을 학습합니다.	• 我好像被甩了。 • 你不是说要跟男朋友一起去旅行吗? • 快要放假了。 • 一边进行网络搜索,一边传送网页。
12	**중간복습** 10~11과의 주요 표현을 복습하며 긴 회화로 학습합니다.	
복습Ⅱ	**총복습** 7~12과의 학습 내용을 다양한 문제 형식으로 복습합니다.	

이 책의 활용

• 본 회화

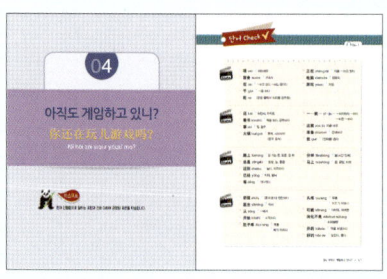

학습 목표 & 단어 Check

본 과의 학습 목표를 제시하고 회화 학습에 앞서 회화에 쓰인 단어의 발음과 뜻을 먼저 확인합니다.

회화 Dialogue

네 가지 상황(scene1~4)에 따라 각 네 개의 회화 문장으로 대화를 구성하였습니다. 한글 해석을 바로 확인할 수 있으며, 표현TIP의 내용으로 학습의 이해를 돕습니다.

표현 Check

주요 표현 문장에 대한 쓰임을 설명하고, 응용하여 사용할 수 있는 단어들을 정리하였습니다.

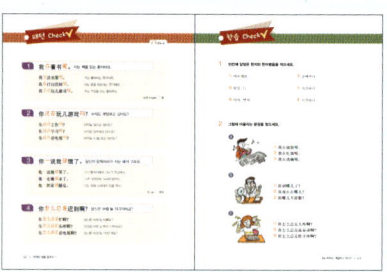

패턴 Check & 학습 Check

고정 문형에 여러 단어를 교체하거나 문장 성분을 더하여 한 문형을 다양하게 응용하여 연습합니다. 마무리 학습으로 한 과의 내용을 문제 형식으로 복습 및 정리합니다.

Chinese epilogue

중국어를 처음 배우는 학습자들에게 유용하고 효율적인 학습 팁을 실었습니다.

• 만만한 복습

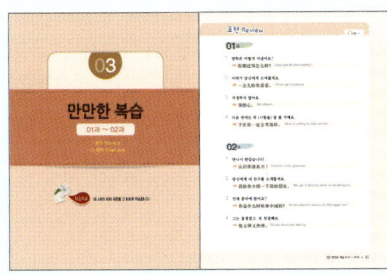

 학습 목표 & 표현 Review

두 과를 학습한 후에 진행하는 중간복습입니다. 본 과의 학습 목표를 제시하고 앞에서 배운 과의 주요 표현 문장을 기억합니다.

긴회화 Dialogue

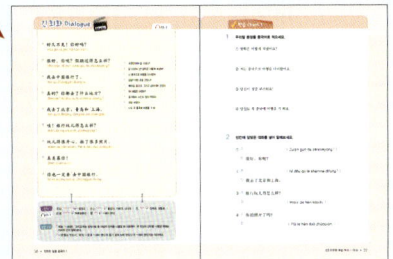

한 과에서 배웠던 짧은 회화를 긴 회화로 학습하며 주요 표현들을 병음과 문장을 써보며 복습합니다.

• 복습 Ⅰ, Ⅱ

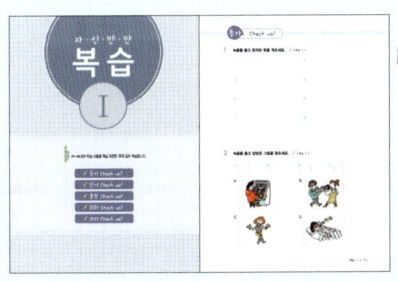

여섯 과를 학습한 후에 진행하는 총복습입니다. 듣기, 단어, 회화, 쓰기 영역으로 나누어 다양한 문제 유형을 통해 앞에서 배운 표현들을 복습합니다.

07

일러두기

🇨🇳 중국어 소개

1. 명칭

- **한어**(汉语 Hànyǔ) 중국인의 대부분을 차지하는 '한족의 말'이라는 뜻이다.
- **중문**(中文 Zhōngwén) '중국어'라는 뜻으로 지역에 구분 없이 두루 쓴다.
- **보통화**(普通话 Pǔtōnghuà) 중국 정부가 정한 '표준어'를 나타내는 이름이다.
- **국어**(国语 Guóyǔ) '나랏말'이라는 뜻으로 대만에서 중국 본토의 표준어를 가리키는 이름이다.
- **화어**(华语 Huáyǔ) '화인(중국인)의 말'이라는 뜻으로 화교권에서 주로 쓴다.

2. 글자

중국어는 한자(汉字 Hànzì)로 표기하며 번체자가 아닌 간체자를 사용한다. (漢語 → 汉语)

- **번체자**(繁体字 fántǐzì) 한자의 원래 모양을 유지하고 있는 글자. 정체자(正体字)라고도 한다. 한국, 대만, 홍콩 등지에서 주로 쓴다.
- **간체자**(简体字 jiǎntǐzì) 번체자의 획수를 줄여 간략하게 만든 글자. 중국 본토에서 주로 쓴다.

3. 발음

현대 중국어의 발음은 로마자 알파벳을 활용한 한어병음방안(汉语拼音方案 Hànyǔ pīnyīn fāngàn)으로 표기한다.

* 1권의 발음북(부록)을 참고하세요.

4. 기본 어순

중국어의 기본 어순은 우리말과 달리 「주어 + 술어 + 목적어」이다. 여기에 다른 문장 성분이 더해져서 여러 형태의 문장이 만들어진다.

> **주어 + 부사어 + 술어 + 보어 + 관형어 + 목적어**
>
> 我 / 学 / 汉语。 나는/배운다/중국어를 → 나는 중국어를 배운다.
> Wǒ xué Hànyǔ.
>
> 我在学校学了一年的汉语。 나는 학교에서 1년간 중국어를 배웠다.
> Wǒ zài xuéxiào xué le yì nián de Hànyǔ.

품사 & 문장부호

명	명사	이름, 개념 등을 나타낸다.	접	접속사	단어, 구, 절을 연결한다.
대	대명사	인칭·지시·의문 대명사 등을 가리킨다.	전	전치사 (개사)	명사와 대명사 앞에 쓰여 시간, 장소, 대상 등을 나타낸다.
동	동사	동작이나 상태를 설명한다.	조	조사	시제, 상태, 어감을 표현한다.
형	형용사	성질, 모습, 상태를 설명한다.	감	감탄사	감정을 나타내는 말을 가리킨다.
조동	조동사	동사 앞에서 의미를 더해준다.	수	수사	숫자 표현을 가리킨다.
부	부사	동사와 형용사 앞에서 정도, 시간, 상태 등을 나타낸다.	양	양사	사람이나 사물 등의 수를 세는 단위를 가리킨다.
。	句号 jùhào	마침표	，	逗号 dòuhào	쉼표
？	问号 wènhào	물음표	、	顿号 dùnhào	모점 (단어를 나열할 때)
！	感叹号 gǎntànhào	느낌표	：	冒号 màohào	쌍점 (내용 열거, 설명을 덧붙일 때)
……	省略号 shěnglüèhào	말줄임표	；	分号 fēnhào	반쌍점 (문장을 나열할 때)

• 인물 소개

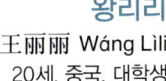

왕리리
王丽丽 Wáng Lìli
20세. 중국. 대학생

리밍밍
李明明 Lǐ Míngming
20세. 중국. 대학생

김수현(리리의 친구)
金秀贤 Jīn Xiùxián
22세. 한국. 대학생

앤디(수현의 친구)
安迪 Āndí
21세. 영국. 대학생

안나(밍밍의 친구)
安娜 Ānnà
20세. 캐나다. 대학생

박민지(리리의 룸메이트)
朴敏智 Piáo Mǐnzhì
21세. 한국. 대학생

01

방학은 잘 지냈니?
假期过得怎么样?
Jiàqī guò de zěnmeyàng?

안부를 묻는 인사말과 자신의 근황에 대해 이야기하는 표현을 학습합니다.

단어 Check ✓

🎧 01-1

- 假期 jiàqī 명 방학, 휴가
- 过 guò 동 지내다
- 得 de 조 (동사나 형용사 뒤에 쓰여 결과나 정도를 나타내는 말을 연결함)
- 旅行 lǚxíng 동 여행하다
- 地方 dìfang 명 지역, 곳, 장소
- 釜山 Fǔshān 지명 부산
- 济州岛 Jìzhōudǎo 지명 제주도

- 玩儿 wánr 동 놀다, 즐기다
- 东西 dōngxi 명 물건, 사물
- 美丽 měilì 형 아름답다
- 风景 fēngjǐng 명 풍경
- 拍 pāi 동 찍다, 촬영하다
- 照片 zhàopiàn 명 사진
- 一会儿 yíhuìr 명 곧, 잠깐, 잠시
- 给 gěi 전 ~에게

- 上星期 shàng xīngqī 명 지난주
- 考 kǎo 동 시험을 치다
- 考试 kǎoshì 명 시험 동 시험을 치다
- 砸 zá 동 망치다, 실패하다
- 难 nán 형 어렵다

- 担心 dānxīn 동 걱정하다
- 成绩 chéngjì 명 성적, 성과
- 别 bié 부 ~하지 마라
- 帮 bāng 동 돕다, 거들다
- 学习 xuéxí 동 공부하다, 배우다
- 下次 xiàcì 명 다음 번
- 一定 yídìng 부 반드시, 꼭

회화 Dialogue

 리리와 수현이 오랜만에 만나 그 동안의 안부를 묻는다.

秀贤　好久不见！①
　　　Hǎo jiǔ bú jiàn!

　　　假期过得怎么样？②
　　　Jiàqī guò de zěnmeyàng?

丽丽　我去韩国旅行了。
　　　Wǒ qù Hánguó lǚxíng le.

秀贤　哇！你都去了什么地方？
　　　Wā! Nǐ dōu qù le shénme dìfang?

丽丽　我去了釜山和济州岛。
　　　Wǒ qù le Fǔshān hé Jìzhōudǎo.

수현　오랜만이야! 방학은 잘 지냈니?
리리　나는 한국으로 여행을 다녀왔어.
수현　와! 어떤 지역을 다녀왔니?
리리　부산과 제주도를 다녀왔어.

표현 TIP

① 好久不见은 오래간만에 만났을 때의 인사말이다.
② 过得怎么样? 은 안부를 묻는 표현으로 '어떻게 지내요?'라는 의미이다. 앞에 '방학', '주말' 등의 기간을 붙여 사용할 수 있다.

 리리가 수현에게 자신의 여행에 대해 이야기한다.

秀贤　旅行玩儿得怎么样?
　　　Lǚxíng wánr de zěnmeyàng?

丽丽　吃了好吃的东西①,
　　　Chī le hǎochī de dōngxi,

　　　看了美丽的风景。
　　　kàn le měilì de fēngjǐng.

秀贤　你拍照片了吗?
　　　Nǐ pāi zhàopiàn le ma?

丽丽　拍了很多。
　　　Pāi le hěn duō.

　　　一会儿给你看看②。
　　　Yíhuìr gěi nǐ kànkan.

수현　여행은 어땠어?
리리　맛있는 것도 먹고, 멋진 풍경도 봤어.
수현　사진도 찍었어?
리리　많이 찍었어. 이따가 너에게 보여줄게.

 TIP

① 东西는 '물건', '사물' 이라는 뜻으로 구체적이거나 추상적인 '것', '어떠한 물건'을 가리킬 때 쓰인다.

② 看看은 동사 看을 반복하여 '좀 보다'라는 뜻으로, 두 번째 看은 경성으로 발음한다. 동사의 반복 사용은 '좀 ~하다', '잠시 ~하다'라는 의미를 나타내며, 어감을 부드럽게 한다.

01 방학은 잘 지냈니? • 13

회화 Dialogue

수현은 자신의 중국어 시험에 대해 이야기한다.

丽丽　你最近过得好吗?①
　　　Nǐ zuìjìn guò de hǎo ma?

秀贤　我上星期考了汉语考试。
　　　Wǒ shàng xīngqī kǎo le Hànyǔ kǎoshì.

丽丽　考试考得怎么样?
　　　Kǎoshì kǎo de zěnmeyàng?

秀贤　考砸了②。考试太难了。
　　　Kǎozá le. Kǎoshì tài nán le.

리리　넌 요즘 잘 지내니?
수현　난 지난주에 중국어 시험을 봤어.
리리　시험은 어떻게 봤어?
수현　망했어. 시험이 너무 어려웠어.

표현 TIP

① 过得好吗?는 过得怎么样?과 같은 의미를 나타내는 인사말이다.
② 考砸了는 考의 '시험보다'와 砸의 '망치다', '실패하다'라는 의미가 함께 쓰여 '시험을 망치다'라는 뜻을 나타낸다.

 리리가 수현의 중국어 학습을 도와주기로 한다.

秀贤 我很担心考试成绩不好。
Wǒ hěn dānxīn kǎoshì chéngjì bù hǎo.

丽丽 别①担心。我帮②你学习汉语。
Bié dānxīn. Wǒ bāng nǐ xuéxí hànyǔ.

秀贤 真的吗？太好了！谢谢你！
Zhēnde ma? Tài hǎo le! Xièxie nǐ!

丽丽 下次你一定会考得好。
Xiàcì nǐ yídìng huì kǎo de hǎo.

수현 시험 성적이 좋지 않을까 봐 걱정이야.
리리 걱정하지 마. 내가 중국어 공부를 도와줄게.
수현 정말? 너무 좋다! 고마워!
리리 다음 번에는 꼭 잘 볼 거야.

① 别는 '~하지 마라'라는 뜻으로 주로 금지를 나타내는 명령문에 쓰이며, 문장 끝에 了 le를 붙이기도 한다.
② 帮은 '돕다'라는 뜻으로 뒤에 도움의 구체적인 내용을 덧붙여 쓴다.

표현 Check ✓

1. 假期过得怎么样? 방학은 어떻게 지냈어요?

상대방의 안부나 근황을 묻는 표현으로 过得好吗?와 같은 표현이다. 「…得怎么样?」을 사용하여 得 앞에 원하는 표현을 넣어 다양하게 활용할 수 있다. 같은 문형으로 대답할 때에는 得 뒤에 결과나 상태, 정도를 나타내는 내용이 온다.

A 周末玩儿得怎么样? 주말에 어떻게 놀았니?
　Zhōumò wánr de zěnmeyàng?

B 玩儿得很开心。 신나게 놀았어.
　Wánr de hěn kāixīn.

周末 zhōumò 명 주말 | 开心 kāixīn 형 신나다, 기쁘다

2. 一会儿给你看看。 이따가 당신에게 보여줄게요.

동사의 반복 사용은 동작이나 행위가 짧은 시간 지속되거나 반복하는 것을 나타내며, '(시험 삼아) ~해보다'라는 의미를 나타내기도 한다. 어감을 부드럽게 하며, 看一看처럼 동사 사이에 숫자 '一'를 넣어 말하기도 한다.

A 你看看这张照片，怎么样? 이 사진 좀 봐. 어때?
　Nǐ kànkan zhè zhāng zhàopiàn, zěnmeyàng?

B 拍得很好! 잘 찍었네!
　Pāi de hěn hǎo!

张 zhāng 양 장(사진이나 종이를 세는 단위)

3. 别担心。 걱정하지 말아요.

「别…(了)」 문형은 '~하지 마라'라는 의미로 금지를 나타내는 명령문에 쓰인다.

A 我很担心明天天气不好。 내일 날씨가 안 좋을까 봐 걱정이야.
　Wǒ hěn dānxīn míngtiān tiānqì bù hǎo.

B 别担心。 걱정하지 마.
　Bié dānxīn.

4 **下次你一定会考得好。** 다음 번에는 꼭 (시험을) 잘 볼 거예요.

「一定会…」는 '반드시', '꼭'의 一定과 '~할 것이다'의 会가 같이 쓰여 '반드시 꼭 ~할 것이다'라는 의미를 나타낸다.

A 明天一定会有好消息。 내일은 꼭 좋은 소식이 있을 거야.
　Míngtiān yídìng huì yǒu hǎo xiāoxi.

B 对！ 맞아!
　Duì!

消息 xiāoxi 명 소식

단어 TIP　도시이름

단어	병음	뜻	단어	병음	뜻
首尔	Shǒu'ěr	서울	北京	Běijīng	베이징
仁川	Rénchuān	인천	上海	Shànghǎi	상하이
大邱	Dàqiū	대구	天津	Tiānjīn	텐진
光州	Guāngzhōu	광주	哈尔滨	Hā'ěrbīn	하얼빈
釜山	Fǔshān	부산	青岛	Qīngdǎo	칭다오
济州岛	Jìzhōudǎo	제주도	香港	Xiānggǎng	홍콩

패턴 Check ✓

1. 假期过得怎么样? 방학은 어떻게 지냈어요?

周末过得怎么样?	주말에 어떻게 지냈어요?
旅行玩儿得怎么样?	여행은 어떻게 놀았어요?
考试考得怎么样?	시험은 어떻게 봤어요?

2. 我去韩国旅行了。 저는 한국에 여행을 갔어요.

我去中国留学了。	저는 중국에 유학을 갔어요.
他去日本出差了。	그는 일본에 출장 갔어요.
她去美国探亲了。	그녀는 미국에 가족을 보러 갔어요.

留学 liúxué 동 유학하다 | 出差 chūchāi 동 출장 가다 | 探亲 tànqīn 동 가족(친척)을 방문하다

3. 别担心。 걱정하지 말아요.

你别走。	가지 말아요.
你别生气。	화내지 말아요.
晚上别喝咖啡。	저녁에는 커피를 마시지 말아요.

生气 shēngqì 동 화내다 | 晚上 wǎnshang 명 저녁

4. 我帮你学习汉语。 내가 중국어 공부를 도와줄게요.

我帮你学习英语。	내가 영어 공부를 도와줄게요.
我帮你做作业。	내가 숙제 하는 것을 도와줄게요.
我帮你买东西。	내가 물건 사는 것을 도와줄게요.

英语 Yīngyǔ 명 영어 | 作业 zuòyè 명 숙제

학습 Check ✓

1 빈칸에 알맞은 한자와 한어병음을 적으세요.

① 방학, 휴가 _____   ② 여행하다 _____

③ 아름답다 _____   ④ 어렵다 _____

⑤ 걱정하다 _____   ⑥ 다음 번 _____

2 그림에 어울리는 문장을 찾으세요.

Ⓐ
① 我去日本出差了。
② 我去韩国旅行了。
③ 我去美国留学了。

Ⓑ
① 我帮你做作业。
② 我帮你拍照片。
③ 我给你看照片。

Ⓒ
① 晚上别吃苹果。
② 晚上别喝咖啡。
③ 晚上别吃巧克力。

학습 Check ✓

3 대화를 보고 질문에 알맞은 답을 고르세요.

A A가 가본 곳은 어디인가요?
　A：你都去了什么地方？
　B：我去了哈尔滨、上海和香港。
　① 香港、北京　　② 上海、青岛　　③ 香港、哈尔滨

B B의 대답은 무슨 뜻인가요?
　A：你考试考得怎么样？
　B：考砸了。
　① 考得不好　　② 考得很好　　③ 考得非常好

C A에 대해 알 수 있는 것은 무엇인가요?
　A：我很担心考试成绩不好。
　B：别担心。你的成绩一定会很好的。
　① 很担心　　② 成绩很好　　③ 考得不怎么样

4 제시된 단어를 알맞게 배열하여 문장을 완성하세요.

① 得 / 玩儿 / 旅行 / 怎么样

_____

② 给 / 你 / 看看 / 一会儿

_____

③ 汉语 / 考了 / 考试 / 我上星期

_____

CHINESE epilogue #01

东西의 쓰임

"그 사람은 좋은 물건이 아니다?"

중국 사람들이 곧잘 쓰는 표현 중에 东西라는 단어가 있다. 东西는 '동쪽'을 뜻하는 东 dōng 과 '서쪽'을 뜻하는 西 xī 의 결합이다. 东西를 글자의 원래 성조대로 dōngxī 라고 읽으면 문자 그대로 동쪽과 서쪽을 가리키는 방향을 의미하지만, 西를 경성으로 발음하여 dōngxi로 읽으면, '물건' 혹은 '~하는 것' 정도의 의미로 영어의 thing이나 stuff와 유사한 표현이 된다. 예를 들면, "这是什么东西？" '이건 무슨 물건이야?', "我去超市买点儿东西。" '난 마트에 뭐 좀 사러 가.' 등 일상 회화에서 매우 자주 사용하는 표현들이다. 그런데 이 단어를 사람에게도 쓰는 경우가 종종 있다. 예를 들면, "你是什么东西？" '당신 뭐 하는 물건이야?', "他不是好东西。" '그 사람은 좋은 놈이 아니야.' 등의 표현이 있는데, 보다시피 주의할 점은 사람에게 이 단어를 쓰면 결코 좋은 뜻이 아니라는 것이다. 그러므로 아주 화가 나거나, 아주 무례한 사람을 만났을 때가 아니면, 사람에게 쓰는 상황은 피하는 것이 좋다.

02

너에게 내 친구를 소개할게.

我给你介绍一下我的朋友。

Wǒ gěi nǐ jièshào yíxià wǒ de péngyou.

학습목표

친구를 소개하는 표현과 是…的 강조 표현을 학습합니다.

단어 Check ✓

🎧 02-1

- 介绍 jièshào 동 소개하다
- 一下 yíxià 수량 좀 ~하다
- 啊 a 조 (문장 끝에 쓰여 감탄·긍정·강조를 나타냄)
- 什么样 shénmeyàng 대 어떠한, 어떤 모양

- 安迪 Āndí 인명 앤디(Andy)
- 乐队 yuèduì 명 밴드, 그룹
- 过来 guòlái 동 오다, 다가오다
- 行 xíng 동 좋다, 괜찮다
- 没问题 méi wèntí 동 문제없다

- 认识 rènshi 동 알다, 인식하다
- 高兴 gāoxìng 형 기쁘다, 즐겁다
- 经常 jīngcháng 부 자주, 종종
- 提起 tíqǐ 동 말을 꺼내다, 언급하다
- 年 nián 명 양 년, 해

- 前 qián 명 (시간·순서·방위의) 전, 앞

- 外国 wàiguó 명 외국
- 男的 nán de 명 남자
- 女的 nǚ de 명 여자
- 又…又… yòu…yòu… ~하고, 또 ~하다

- 帅 shuài 형 잘생기다
- 热情 rèqíng 형 친절하다, 열정적이다
- 而且 érqiě 접 게다가, 뿐만 아니라
- 流利 liúlì 형 유창하다, 막힘이 없다

- 觉得 juéde 동 ~라고 생각하다
- 善良 shànliáng 형 착하다, 선량하다
- 俩 liǎ 수 두 개, 두 사람
- 偶然 ǒurán 부 우연히, 뜻밖에
  형 우연하다

- 故事 gùshi 명 이야기, 사연

회화 Dialogue

🎧 02-2

 수현이 리리에게 자신의 음악밴드 친구를 소개하려고 한다.

秀贤 今天我给你介绍一下我的朋友。
Jīntiān wǒ gěi nǐ jièshào yíxià wǒ de péngyou.

丽丽 好啊！是什么样的朋友？
Hǎo a! Shì shénmeyàng de péngyou?

秀贤 他叫安迪。我们是一个乐队的。
Tā jiào Āndí. Wǒmen shì yí ge yuèduì de.

他一会儿就过来①。
Tā yíhuìr jiù guòlái.

丽丽 行，没问题②。
Xíng, méi wèntí.

수현 오늘 내 친구를 소개해줄게.
리리 좋아! 어떤 친구야?
수현 그 친구는 앤디라고 해.
우리는 같은 밴드야.
이따가 곧 올 거야.
리리 그래. 좋아.

표현 TIP

① 过来는 '오다', '다가오다'라는 뜻으로 화자의 입장에서 먼 곳으로부터 가까운 곳을 향하여 오는 것을 나타낸다. 반대로 '가다', '다가가다'는 过去이다.

② 没问题는 상대방의 말에 동의·승낙·가능·확신 등의 의미로 대답할 때 '좋다', '괜찮다', '문제 없다' 등의 뜻으로 쓰인다.

 리리와 앤디가 처음 만나 서로 인사한다.

丽丽 **你好！认识你很高兴！**①
Nǐ hǎo! Rènshi nǐ hěn gāoxìng!

安迪 **你好！你就是丽丽！**
Nǐ hǎo! Nǐ jiùshì Lìli!

秀贤经常提起你。
Xiùxián jīngcháng tíqǐ nǐ.

丽丽 **你的汉语很好。**
Nǐ de Hànyǔ hěn hǎo.

你是什么时候来中国的?②
Nǐ shì shénme shíhou lái Zhōngguó de?

安迪 **我是三年前来中国的。**
Wǒ shì sān nián qián lái Zhōngguó de.

리리 안녕! 만나서 반가워!
앤디 안녕! 너가 바로 리리구나!
　　　수현이 종종 얘기했어.
리리 너 중국어 잘 하는구나.
　　　넌 언제 중국에 왔니?
앤디 3년 전에 중국에 왔어.

① 认识你很高兴!은 '만나서 반갑습니다!'라는 뜻으로 처음 만나는 사람에게 자주 하는 인사말이다.
② 「是…的」구문은 과거에 일어난 어떤 일을 강조하여 말할 때 사용한다.

회화 Dialogue

🎧 02-4

 리리가 밍밍에게 앤디에 대해 이야기한다.

丽丽 我今天认识了一个外国朋友。
　　　Wǒ jīntiān rènshi le yí ge wàiguó péngyou.

明明 外国朋友? 男的①还是女的?
　　　Wàiguó péngyou? Nán de háishi nǚ de?

丽丽 男的。他又帅又热情。
　　　Nán de. Tā yòu shuài yòu rèqíng.

　　　而且②汉语说得非常流利。
　　　Érqiě Hànyǔ shuō de fēicháng liúlì.

明明 你也给我介绍一下吧。
　　　Nǐ yě gěi wǒ jièshào yíxià ba.

리리　나 오늘 외국인 친구를 알게 됐어.
밍밍　외국인 친구? 남자야, 여자야?
리리　남자야. 잘생겼고, 또 친절해.
　　　게다가 중국어도 매우 유창해.
밍밍　나에게도 좀 소개해줘.

 표현 TIP

① 男的와 女的는 각각 '남성', '여성'을 나타내는 명사이며, '남자용', '여자용'의 의미로도 쓰인다.
② 而且는 '게다가', '뿐만 아니라'의 뜻으로 추가로 덧붙여 이야기할 때 사용하는 접속사이다.

 수현과 앤디가 리리에 대해 이야기한다.

秀贤 你觉得^①丽丽怎么样?
Nǐ juéde Lìli zěnmeyàng?

安迪 我觉得她又善良又漂亮。
Wǒ juéde tā yòu shànliáng yòu piàoliang.

你们俩^②是怎么认识的?
Nǐmen liǎ shì zěnme rènshi de?

秀贤 我们是偶然认识的。
Wǒmen shì ǒurán rènshi de.

安迪 是吗?有什么故事?你说说。
Shì ma? Yǒu shénme gùshi? Nǐ shuōshuo.

수현 네가 생각하기에 리리 어때?
앤디 착하고 예쁜 것 같아.
　　 너희 둘은 어떻게 알게 됐어?
수현 우연히 알게 됐어.
앤디 그래? 어떤 사연이 있는 거야? 말해 봐.

① 觉得는 '~라고 생각하다'라는 뜻으로 주로 주관적인 의견이나 생각을 나타낼 때 사용한다.
② 俩는 '두 개', '두 사람'의 뜻으로 两个의 줄임말이며, 회화에서 자주 사용한다.

표현 Check ✓

1 认识你很高兴！ 만나서 반갑습니다!

「认识你很高兴！」은 '당신을 알게 되어 매우 기쁩니다', 즉 '만나서 반갑습니다'라는 뜻으로 처음 만나는 사람에게 자주 하는 습관적인 인사말이다.

A 认识你很高兴！ 만나서 반갑습니다！
　Rènshi nǐ hěn gāoxìng!

B 认识你我也很高兴！ 저도 만나서 반갑습니다！
　Rènshi nǐ wǒ yě hěn gāoxìng!

2 我给你介绍一下我的朋友。 당신에게 내 친구를 소개할게요.

一下는 '좀 ~하다', '한번 ~해보다'의 뜻으로 행위나 동작을 나타내는 동사 뒤에 쓰여 어감을 부드럽게 한다. 동사의 반복 사용과 쓰임이 같다.

A 我给你介绍一下我的家人。 당신에게 우리 가족을 소개할게요.
　Wǒ gěi nǐ jièshào yíxià wǒ de jiārén.

B 好。 좋아요.
　Hǎo.

3 你是什么时候来中国的? 언제 중국에 왔어요?

「是…的」구문은 과거에 일어났던 일을 강조하여 말할 때 사용하는 강조 구문이다. 주로 행위의 시간, 장소, 방식, 대상, 목적, 도구 등을 강조하여 말할 때 사용하며 강조하는 내용이 是와 的 사이에 온다. 是는 생략할 수 있다.

A 你是怎么来的? 당신은 어떻게 왔어요?
　Nǐ shì zěnme lái de?

B 我是坐出租车来的。 저는 택시를 타고 왔어요.
　Wǒ shì zuò chūzūchē lái de.

出租车 chūzūchē 명 택시

4 他又帅又热情。 그는 잘생겼고, 또 친절해요.

「又…又…」는 '~하고 또한 ~하다'라는 뜻으로 상태나 동작, 성질 등이 동시에 존재하는 것을 나타낸다.

A 这件衣服怎么样? 이 옷 어때?
Zhè jiàn yīfu zěnmeyàng?

B 不怎么样。又不好看又过时。 별로야. 예쁘지도 않고, 또 유행도 지났어.
Bù zěnmeyàng. Yòu bù hǎokàn yòu guòshí.

好看 hǎokàn 명 보기 좋다, 예쁘다 | 过时 guòshí 형 유행이 지나다

단어 TIP 주변 인물 & 애완동물

단어	병음	뜻
家人	jiārén	가족
儿子	érzi	아들
女儿	nǚ'ér	딸
男朋友	nán péngyou	남자 친구
女朋友	nǚ péngyou	여자 친구

단어	병음	뜻
同学	tóngxué	학교 친구
同屋	tóngwū	룸메이트
同事	tóngshì	동료
(小)狗	(xiǎo)gǒu	강아지, 개
(小)猫	(xiǎo)māo	고양이

🎧 02-6

1 我**给你介绍一下**我的朋友。 당신에게 내 친구를 소개할게요.

我**给你介绍一下**我的家人。 당신에게 제 가족을 소개할게요.
我**给你介绍一下**我的老师。 당신에게 제 선생님을 소개할게요.
我**给你介绍一下**我的小狗。 당신에게 제 강아지를 소개할게요.

2 你**是**什么时候来中国**的**? 언제 중국에 왔어요?

你**是**几点来**的**? 몇 시에 왔어요?
你**是**怎么来**的**? 어떻게 왔어요?
你们俩**是**怎么认识**的**? 두 사람은 어떻게 알게 됐어요?

3 我**是**三年前来中国**的**。 저는 3년 전에 중국에 왔어요.

我**是**九点半来**的**。 저는 9시 반에 왔어요.
我**是**坐地铁过来**的**。 저는 전철을 타고 왔어요.
我们**是**偶然认识**的**。 우리는 우연히 알게 됐어요.

4 他**又**帅**又**热情。 그는 잘생겼고, 또 친절해요.

她**又**善良**又**漂亮。 그녀는 착하고, 또 예뻐요.
今天**又**刮风**又**下雨。 오늘은 바람도 불고, 또 비도 와요.
这件衣服**又**好看**又**便宜。 이 옷은 예쁘고, 또 저렴해요.

학습 Check ✓

1 빈칸에 알맞은 한자와 한어병음을 적으세요.

① 소개하다 _____   ② 알다, 인식하다 _____

③ 잘생기다 _____   ④ 친절하다 _____

⑤ 유창하다 _____   ⑥ 착하다 _____

2 그림에 어울리는 문장을 찾으세요.

A

① 我给你介绍一下我的朋友。
② 我给你介绍一下我的小狗。
③ 我给你介绍一下我的小猫。

B

① 我是坐火车去的。
② 我是坐地铁去的。
③ 我是坐出租车去的。

C

① 这条裤子又大又长。
② 这顶帽子又贵又过时。
③ 这条裙子又漂亮又便宜。

长 cháng 형 길다

학습 Check ✔

3 대화를 보고 질문에 알맞은 답을 고르세요.

Ⓐ 대화는 어떤 상황인가요?
A：这是我的外国朋友，叫安迪。
B：安迪，你好！认识你很高兴。
① 介绍　　② 考试　　③ 旅行

Ⓑ B는 언제 한국에 왔나요?
A：你是什么时候来韩国的？
B：我是一年前来韩国的。
① 明年　　② 今年　　③ 去年

明年 míngnián 명 내년 ｜ 去年 qùnián 명 작년

Ⓒ '그녀'는 어떤가요?
A：你觉得她怎么样？
B：她又善良又漂亮。
① 很帅　　② 很漂亮　　③ 不善良

4 제시된 단어를 알맞게 배열하여 문장을 완성하세요.

① 我 / 一个 / 认识了 / 外国朋友
_____

② 他 / 流利 / 非常 / 说得 / 汉语
_____

③ 的 / 是 / 认识 / 怎么 / 你们俩
_____

CHINESE epilogue #02

우리가 배우는 중국어 — 普通话

"광둥어와 푸퉁화는 달라요!"

'중국어(Chinese)'는 중국인이 사용하는 언어로서, 표준 중국어와 방언을 모두 포함한다. 우리가 지금 배우고 있는 중국어는, 혹은 외국인이 일반적으로 배우는 중국어는 중국 전체 인구의 대다수를 차지하는 한족의 언어인 '한어(汉语)'를 가리킨다. 이를 중국 정부에서는 '푸퉁화(普通话 pǔtōnghuà)'라는 명칭을 붙여 표준어로 공표한 것이다. 중국어에 대해 잘 모르거나 처음 학습하는 이들이 종종 궁금해하는 것이 있다면, 대만 사람들이나 홍콩 사람들도 같은 언어를 사용하느냐는 것이다. 대만 사람들이나 홍콩 사람들과도 우리가 배우는 푸퉁화로 소통할 수 있지만, 대만 사람들은 대만어를, 홍콩 사람들은 광둥어를 주로 사용한다. 대만어는 중국 남쪽 방언 중 하나인 민남어를 가리키고, 광둥어는 홍콩과 광둥 지역에서 사용하는 언어로 푸퉁화와는 발음이나 문법에서 큰 차이가 있다. 또 하나, 종종 듣게 되는 만다린(Madarin)은 중국 본토에서 쓰는 중국어(한어)를 가리키며, 캔토니즈(Cantonese 광둥어)와 구별하기 위해 홍콩 지역에서 사용하는 표현이다.

03

만만한 복습

01과 ~ 02과

- 표현 Review
- 긴 회화 Dialogue

학습목표 1과, 2과의 회화 표현을 긴 회화로 학습합니다.

표현 Review

01과

1. 방학은 어떻게 지냈어요?
   ➡ 假期过得怎么样？ Jiàqī guò de zěnmeyàng?

2. 이따가 당신에게 보여줄게요.
   ➡ 一会儿给你看看。 Yíhuìr gěi nǐ kànkan.

3. 걱정하지 말아요.
   ➡ 别担心。 Bié dānxīn.

4. 다음 번에는 꼭 (시험을) 잘 볼 거예요.
   ➡ 下次你一定会考得好。 Xiàcì nǐ yídìng huì kǎo de hǎo.

02과

1. 만나서 반갑습니다!
   ➡ 认识你很高兴！ Rènshi nǐ hěn gāoxìng!

2. 당신에게 내 친구를 소개할게요.
   ➡ 我给你介绍一下我的朋友。 Wǒ gěi nǐ jièshào yíxià wǒ de péngyou.

3. 언제 중국에 왔어요?
   ➡ 你是什么时候来中国的？ Nǐ shì shénme shíhou lái Zhōngguó de?

4. 그는 잘생겼고, 또 친절해요.
   ➡ 他又帅又热情。 Tā yòu shuài yòu rèqíng.

긴 회화 Dialogue

🎧 03-2

A 好久不见！你好吗？
　Hǎo jiǔ bú jiàn! Nǐ hǎo ma?

B 很好。你呢？假期过得怎么样？
　Hěn hǎo. Nǐ ne? Jiàqī guò de zěnmeyàng?

A 我去中国旅行了。
　Wǒ qù Zhōngguó lǚxíng le.

B 真的？你都去了什么地方？
　Zhēnde? Nǐ dōu qù le shénme dìfang?

A 我去了北京、青岛和①上海。
　Wǒ qù le Běijīng、Qīngdǎo hé Shànghǎi.

B 哇！旅行玩儿得怎么样？
　Wā! Lǚxíng wánr de zěnmeyàng?

A 玩儿得很开心。拍了很多照片。
　Wánr de hěn kāixīn. Pāi le hěn duō zhàopiàn.

B 真羡慕你！
　Zhēn xiànmù nǐ!

A 你也一定要②去中国旅行。
　Nǐ yě yídìng yào qù Zhōngguó lǚxíng.

A 오랜만이야! 잘 지냈니?
B 잘 지냈어. 넌? 방학은 어떻게 보냈어?
A 난 중국으로 여행을 다녀왔어.
B 정말? 어떤 곳을 갔었니?
A 베이징, 칭다오, 그리고 상하이에 갔었어.
B 와! 여행은 어땠어?
A 즐거웠어. 사진도 많이 찍었어.
B 정말 부럽다!
A 너도 꼭 중국에 여행을 가 봐.

단어 🎧 03-3
青岛 Qīngdǎo 지명 칭다오 | 开心 kāixīn 형 즐겁다, 기쁘다, 신나다 | 真 zhēn 부 진짜로, 정말로 | 羡慕 xiànmù 형 부러워하다 | 要 yào 동 ~해야 한다

표현 TIP
① 和는 '~과(와)', '그리고'라는 접속사로 둘 이상의 단어를 나열할 때 사용하며, 셋 이상의 단어를 나열할 때에는 마지막 단어 앞에 쓴다.
② 一定要는 '반드시', '꼭'의 一定과 '~해야 한다'의 要가 같이 쓰여 '반드시 꼭 ~해야 한다'라는 의미이다.

✓ 학습 Check 1

1 우리말 문장을 중국어로 적으세요.

① 방학은 어떻게 지냈어요?
　_____

② 저는 중국으로 여행을 다녀왔어요.
　_____

③ 당신이 정말 부러워요!
　_____

④ 당신도 꼭 중국에 여행을 가 봐요.
　_____

2 빈칸에 알맞은 대화를 넣어 말해보세요.

① A _____ (Zuìjìn guò de zěnmeyàng?)
　B 很好。你呢?

② A _____ (Nǐ dōu qù le shénme dìfang?)
　B 我去了北京和上海。

③ A 旅行玩儿得怎么样?
　B _____ (Wánr de hěn kāixīn.)

④ A 你拍照片了吗?
　B _____ (Pāi le hěn duō zhàopiàn.)

긴 회화 Dialogue

A 我给你介绍一下安迪。你们互相认识一下。
Wǒ gěi nǐ jièshào yíxià Āndí. Nǐmen hùxiāng rènshi yíxià.

B 你好！认识你很高兴！我叫明明。
Nǐ hǎo! Rènshi nǐ hěn gāoxìng! Wǒ jiào Míngming.

C 你好！认识你我也很高兴！
Nǐ hǎo! Rènshi nǐ wǒ yě hěn gāoxìng!

B 你的发音很好。你是什么时候来中国的?
Nǐ de fāyīn hěn hǎo. Nǐ shì shénme shíhou lái Zhōngguó de?

C 我是三年前来中国的。
Wǒ shì sān nián qián lái Zhōngguó de.

B 你为什么来中国?
Nǐ wèi shénme lái Zhōngguó?

C 我对中国文化很感兴趣①。
Wǒ duì Zhōngguó wénhuà hěn gǎn xìngqù.

我觉得中国人又热情又大方。
Wǒ juéde Zhōngguó rén yòu rèqíng yòu dàfang.

B 哦，我觉得你又帅又酷。
Ò, wǒ juéde nǐ yòu shuài yòu kù.

A 너에게 앤디를 소개할게. 서로 인사해.
B 안녕! 만나서 반가워! 난 밍밍이야.
C 안녕! 나도 만나서 반가워!
B 발음이 좋구나. 언제 중국에 왔니?
C 3년 전에 왔어.
B 왜 중국에 온 거야?
C 중국 문화에 관심이 있어서.
  중국인은 친절하고 통이 큰 것 같아.
B 오, 넌 잘생기고 멋진 것 같아.

단어 03-5
互相 hùxiāng 부 서로, 상호 | 发音 fāyīn 명 발음 | 对 duì 전 ~에 대하여 | 文化 wénhuà 명 문화 | 感 gǎn 동 느끼다 | 兴趣 xìngqù 명 흥미, 관심 | 大方 dàfang 형 (언행이) 시원시원하다, 거침없다, 대범하다 | 哦 ò 감 오!, 아! | 酷 kù 형 멋있다, 쿨하다

표현 TIP ① 「对…感兴趣」는 '~에 관심이 있다', '~에 흥미가 있다'라는 의미이다.

✓ 학습 Check 2

1 우리말 문장을 중국어로 적으세요.

① 당신에게 제 친구를 소개할게요.
_____

② 서로 인사해요.
_____

③ 당신의 발음은 매우 좋아요.
_____

④ 제가 생각하기에 중국인은 친절하고 통이 큰 것 같아요.
_____

2 빈칸에 알맞은 대화를 넣어 말해보세요.

① A 认识你很高兴！

　 B _____ (Rènshi nǐ wǒ yě hěn gāoxìng!)

② A 你是什么时候来中国的?

　 B _____ (Wǒ shì sān nián qián lái Zhōngguó de.)

③ A 你为什么来中国?

　 B _____ (Wǒ duì Zhōngguó wénhuà hěn gǎn xìngqù.)

④ A 你觉得安迪怎么样?

　 B _____ (Wǒ juéde tā yòu shuài yòu kù.)

04

아직도 게임하고 있니?

你还在玩儿游戏吗?

Nǐ hái zài wánr yóuxì ma?

학습목표

현재 진행형으로 말하는 표현과 전화 대화에 관련된 표현을 학습합니다.

단어 Check ✓

🎧 04-1

- 喂 wéi 감 여보세요
- 宿舍 sùshè 명 기숙사
- 在 zài 부 ~하고 있다, ~하는 중이다
- 干 gàn 동 ~을 하다
- 呢 ne 조 (문장 끝에서 의미를 강조함)
- 正在 zhèngzài 부 지금 ~하고 있다
- 电脑 diànnǎo 명 컴퓨터
- 游戏 yóuxì 명 게임

- 还 hái 부 여전히, 아직도
- 看书 kànshū 동 책을 보다, 공부하다
- 事 shì 명 일, 용무
- 火锅 huǒguō 명 훠궈, 샤브샤브 (중국 음식)
- 一…就… yī…jiù… ~하자마자 ~하다, ~하면 ~하다
- 这就 zhè jiù 지금 바로
- 准备 zhǔnbèi 동 준비하다
- 挂 guà 동 (전화를) 끊다

- 路上 lùshang 명 길 가는 중, 도중, 길 위
- 总是 zǒngshì 부 항상, 늘, 줄곧
- 迟到 chídào 동 늦다, 지각하다
- 已经 yǐjīng 부 이미, 벌써
- 等 děng 동 기다리다
- 分钟 fēnzhōng 명 분(시간 단위)
- 马上 mǎshàng 부 곧, 금방, 바로

- 舒服 shūfu 형 (몸·마음이) 편안하다
- 医生 yīshēng 명 의사
- 从 cóng 전 ~에서
- 开始 kāishǐ 동 시작하다
- 肚子疼 dùzi téng 명 복통 동 배가 아프다
- 头疼 tóuténg 명 두통 동 머리가 아프다
- 可能 kěnéng 부 아마도, 어쩌면
- 消化不良 xiāohuà bùliáng 명 소화불량
- 开药 kāiyào 동 약을 처방하다
- 好的 hǎo de 동 알았다, 좋다

회화 Dialogue

🎧 04-2

 리리가 밍밍에게 전화를 걸어 무엇을 하고 있는지 묻는다.

丽丽　喂?① 你现在在哪儿?
　　　Wéi? Nǐ xiànzài zài nǎr?

明明　我现在在宿舍。
　　　Wǒ xiànzài zài sùshè.

丽丽　你在② 干什么呢? 忙吗?
　　　Nǐ zài gàn shénme ne? Máng ma?

明明　有点儿忙。
　　　Yǒudiǎnr máng.

　　　我正在③ 玩儿电脑游戏呢。
　　　Wǒ zhèngzài wánr diànnǎo yóuxì ne.

리리　여보세요? 너 지금 어디니?
밍밍　난 지금 기숙사에 있어.
리리　너 지금 뭐 하고 있니? 바쁘니?
밍밍　좀 바빠. 컴퓨터 게임을 하고 있거든.

표현 TIP

① 喂는 '어이', '이봐' 등 다른 사람을 편하게 부르는 말로 4성으로 발음하지만 전화 통화에서 '여보세요'로 쓰이면 2성으로 발음한다.

② 장소 앞에 쓰인 在는 '~에', '~에 있다'라는 의미로 쓰이고, 동작·행위·상태를 나타내는 표현 앞에 쓰인 在는 '~하고 있다'라는 현재 진행형을 나타낸다. 在(…呢) 또는 正在(…呢) 등의 형태로 쓰인다.

 잠시 후 리리가 밍밍에게 다시 전화를 건다.

丽丽 喂？你还①在玩儿游戏吗？
　　　Wéi? Nǐ hái zài wánr yóuxì ma?

明明 没有，我在看书呢。有事吗？
　　　Méiyǒu, wǒ zài kànshū ne. Yǒu shì ma?

丽丽 我们一起去吃火锅吧。
　　　Wǒmen yìqǐ qù chī huǒguō ba.

明明 火锅？你一说我就饿了②。
　　　Huǒguō? Nǐ yì shuō wǒ jiù è le.

　　　我这就准备。挂了！
　　　Wǒ zhè jiù zhǔnbèi. Guà le!

리리 여보세요? 아직도 게임하고 있니?
밍밍 아니, 책 읽고 있어. 무슨 일 있니?
리리 우리 같이 훠궈 먹으러 가자.
밍밍 훠궈? 네가 말하니까 배고프다.
　　 바로 준비할게. 끊어!

표현 TIP

① 还는 '여전히', '계속'이라는 진행의 의미를 나타낸다.
② 「一…就…」는 '~하자마자 ~하다'라는 의미로 어떤 일이 연이어 일어남을 나타낸다.

회화 Dialogue

🎧 04-4

약속 시간에 밍밍이 나타나지 않자 리리가 밍밍에게 전화를 건다.

丽丽　喂？你现在到哪儿了？
　　　Wéi? Nǐ xiànzài dào nǎr le?

明明　对不起！我还在路上。
　　　Duìbuqǐ! Wǒ hái zài lùshang.

丽丽　你怎么总是①迟到啊？
　　　Nǐ zěnme zǒngshì chídào a?

　　　我已经等了你三十分钟了。②
　　　Wǒ yǐjīng děng le nǐ sānshí fēnzhōng le.

明明　真对不起！我马上到。
　　　Zhēn duìbuqǐ! Wǒ mǎshàng dào.

리리 여보세요? 밍밍, 지금 어디까지 왔니?
밍밍 미안해! 아직 가는 길이야.
리리 넌 어쩜 항상 늦니?
　　　벌써 30분째 널 기다리고 있잖아.
밍밍 정말 미안해! 곧 도착해.

표현 TIP

① 「怎么总是…」는 '어쩜 항상', '어쩜 늘'이라는 표현으로 감탄이나 불만을 나타낼 때 사용한다.
② 了가 문장에서 두 번 쓰일 때에는 동작이나 상태가 지속되고 있음을 나타낸다.

 훠궈를 먹고 배탈이 난 밍밍이 병원에서 진찰을 받는다.

医生 请坐。你哪儿不舒服?
Qǐng zuò. Nǐ nǎr bù shūfu?

明明 医生，我从昨天开始①
Yīshēng, wǒ cóng zuótiān kāishǐ

肚子疼、头疼。
dùzi téng、tóuténg.

医生 我看②，你可能是消化不良。
Wǒ kàn, nǐ kěnéng shì xiāohuà bùliáng.

我给你开药吧。
Wǒ gěi nǐ kāiyào ba.

明明 好的。谢谢。
Hǎo de. Xièxie.

의사 앉으세요. 어디가 아프세요?
밍밍 의사 선생님, 어제부터 배도 아프고, 머리도 아파요.
의사 제가 보기에 소화불량 같네요. 약을 처방해줄게요.
밍밍 네. 감사합니다.

표현 TIP

① 「从…开始…」는 '~에서(부터) ~하기 시작하다'라는 표현이다.
② 我看은 '내가 보기에는', '내 의견으로는' 등의 의미로 문장 앞에 온다.

표현 Check ✓

1 你在干什么呢? 지금 뭐 하고 있어요?

동작이나 행위 앞에 쓰인 在는 '~하고 있는 중이다'의 의미로 현재 진행형을 나타낸다. 같은 의미의 표현으로 正, 正在가 있으며, 在는 동작을, 正은 시간을, 正在는 동작과 시간을 강조한다. 문장 끝에 呢를 붙이기도 한다.

A 你在干什么呢? 너 지금 뭐 하고 있어?
   Nǐ zài gàn shénme ne?

B 我在看电视呢。 나 지금 TV를 보고 있어.
   Wǒ zài kàn diànshì ne.

2 你一说我就饿了。 당신이 말하자마자 저는 배가 고파요.

「一A就B」는 'A하자마자 B하다'라는 의미로 두 가지 일이 곧바로 이어서 발생하는 것을 나타낸다.

A 他一到家就玩儿游戏。 그는 집에 오자마자 게임을 해.
   Tā yí dào jiā jiù wánr yóuxì.

B 他怎么总是玩儿游戏啊? 그는 어쩜 늘 게임만 하니?
   Tā zěnme zǒngshì wánr yóuxì a?

3 我已经等了你三十分钟了。 벌써 30분째 당신을 기다리고 있어요.

한 문장에 了가 두 번 쓰이면 과거의 동작이나 상태가 현재에도 계속 이어지고 있음을 나타낸다.

A 他已经等了她一个小时了。 그는 이미 한 시간째 그녀를 기다리고 있어.
   Tā yǐjīng děng le tā yí ge xiǎoshí le.

B 她会来吗? 그녀가 올까?
   Tā huì lái ma?

小时 xiǎoshí 명 시간(시간을 세는 단위)

4 我看，你可能是消化不良。
제가 보기에 당신은 아마도 소화불량이에요.

我看은 '내가 보기에는', '내 의견으로는' 등의 의미로 주로 문장 앞에 쓰여 자신의 생각이나 의견을 표현할 때 쓴다.

A 医生，我咳嗽、流鼻涕。 의사 선생님, 기침이 나고, 콧물이 나요.
　Yīshēng, wǒ késou, liú bítì.

B 我看，你可能是感冒了。 제가 보기에 감기에 걸린 것 같네요.
　Wǒ kàn, nǐ kěnéng shì gǎnmào le.

단어 TIP 하루 일과 & 집안일

단어	병음	뜻
起床	qǐchuáng	(잠자리에서) 일어나다
睡觉	shuìjiào	잠을 자다
刷牙	shuāyá	이를 닦다
洗澡	xǐzǎo	샤워하다

단어	병음	뜻
做饭	zuòfàn	밥을 하다 (식사 준비를 하다)
洗衣服	xǐ yīfu	빨래하다
洗碗	xǐwǎn	설거지하다
打扫	dǎsǎo	청소하다

단어 TIP 아픈 증상

단어	병음	뜻
肚子疼	dùzi téng	배가 아프다
头疼	tóuténg	머리가 아프다
牙疼	yáténg	치아가 아프다
发烧	fāshāo	열이 나다
感冒	gǎnmào	감기에 걸리다

단어	병음	뜻
咳嗽	késou	기침을 하다
流鼻涕	liú bítì	콧물이 나다
呕吐	ǒutù	구토하다
拉肚子	lā dùzi	설사하다
食物中毒	shíwù zhòngdú	식중독

패턴 Check ✓

🎧 04-6

1 我在看书呢。 저는 책을 읽는 중이에요.

我正洗衣服呢。 저는 빨래하는 중이에요.
我在打扫房间呢。 저는 방을 청소하는 중이에요.
我正在玩儿游戏呢。 저는 게임을 하는 중이에요.

房间 fángjiān 명 방

2 你还在玩儿游戏吗? 아직도 게임하고 있어요?

你还在工作吗? 아직도 일하고 있어요?
你还在学习吗? 아직도 공부하고 있어요?
你还在看电视吗? 아직도 TV를 보고 있어요?

3 你一说我就饿了。 당신이 말하자마자 저는 배가 고파요.

他一说她就笑了。 그가 말하자마자 그녀가 웃었어요.
他一走她就来了。 그가 가자마자 그녀가 왔어요.
他一到家就睡觉。 그는 집에 오자마자 잠을 자요.

笑 xiào 동 웃다

4 你怎么总是迟到啊? 당신은 어쩜 늘 지각이에요?

你怎么总是忙啊? 당신은 어쩜 늘 바빠요?
你怎么总是头疼啊? 당신은 어쩜 늘 머리가 아파요?
你怎么总是看电视啊? 당신은 어쩜 늘 TV만 봐요?

학습 Check ✓

1 빈칸에 알맞은 한자와 한어병음을 적으세요.

① 여보세요 _____   ② 준비하다 _____

③ 항상, 늘 _____   ④ 지각하다 _____

⑤ 이미, 벌써 _____   ⑥ 시작하다 _____

2 그림에 어울리는 문장을 찾으세요.

① 我在做饭呢。
② 我在吃饭呢。
③ 我在洗碗呢。

① 你到哪儿了？
② 你现在在哪儿？
③ 你哪儿不舒服？

① 你怎么总是头疼啊？
② 你怎么总是流鼻涕啊？
③ 你怎么总是肚子疼啊？

학습 Check ✓

3 대화를 보고 질문에 알맞은 답을 고르세요.

A '그'는 지금 무엇을 하고 있나요?

　　A：他还在睡觉吗？
　　B：没有，他在洗澡呢。

　　① 睡觉　　　　② 洗澡　　　　③ 洗碗

B B에 대해 알 수 있는 것은 무엇인가요?

　　A：喂？你现在到哪儿了？
　　B：对不起！我还在路上，马上到。

　　① 迟到了　　　② 不来了　　　③ 已经到了

C A는 어디가 아픈가요?

　　A：我从昨天开始流鼻涕、咳嗽。
　　B：我看，你是感冒了。

　　① 头疼、发烧　② 咳嗽、肚子疼　③ 咳嗽、流鼻涕

4 제시된 단어를 알맞게 배열하여 문장을 완성하세요.

① 呢 / 我 / 做饭 / 正在

_____

② 你 / 饿 / 了 / 我就 / 一说

_____

③ 了 / 你 / 等了 / 我已经 / 三十分钟

_____

CHINESE epilogue #03

외래어를 수용하는 방식

"맥도널드는 마이땅라오(麦当劳)!"

중국어의 한자는 뜻글자이다. 한글이나 영어 알파벳은 소리글자이므로 다양한 소리를 나타낼 수 있지만, 뜻글자인 한자는 소리를 적는 데 제약이 많다. 이런 제약은 외래어를 표기할 때 확연히 드러난다. 그래서 중국어는 외래어를 뜻에 따라 표기하는 경우가 많다. '컴퓨터'를 电脑 diànnǎo(전기 뇌), '휴대전화'를 手机 shǒujī(손 기계)라고 쓰는 식이다. 그러나 외래어가 늘어나면서 모두 이런 방식으로 바꾸기에는 어려움이 따랐고, 일부 사람 이름이나 지명, 특정 사물들은 음역 방식을 택했다. 하지만 음역은 때로 원래 발음을 유사하게 나타내지 못하기도 한다. 그 예로, '맥도널드'를 들 수 있다. 맥도널드는 중국어로 麦当劳 Màidāngláo라고 한다. 다소 영어 발음과 동떨어지게 들리는데도 이렇게 표기하게 된 이유는 따로 있다. 麦当劳는 원래 홍콩 광둥어에서 만들어졌으며, 이 표기법이 중국 본토의 푸퉁화에서도 그대로 사용된 것이다. 麦当劳를 광둥어로 읽으면 '맥도널드'와 비슷하게 들리지만, 푸퉁화로 읽으면 전혀 그렇지 않다. '택시'를 뜻하는 的士 díshì도 마찬가지로 광둥어에서 넘어 온 경우이다. 이같은 표현들이 많은 이유는 예전에 서양 문화가 먼저 홍콩을 통해 본토로 전해졌기 때문이다.

05

나는 매일 한 시간씩 달려.

我每天跑一个小时。

Wǒ měitiān pǎo yí ge xiǎoshí.

학습목표

서로의 취미를 이야기하고 시간에 관련된 표현을 학습합니다.

단어 Check ✓

🎧 05-1

- 运动 yùndòng 명 운동
- 跑步 pǎobù 동 달리기를 하다, 달리다
- 每天 měitiān 부 매일, 날마다
- 跑 pǎo 동 달리다
- 多长 duōcháng (시간이) 얼마나, 얼마 동안
- 时间 shíjiān 명 시간
- 小时 xiǎoshí 명 시간(시간을 세는 단위)

- 电视剧 diànshìjù 명 TV 드라마
- 体育 tǐyù 명 체육, 스포츠, 운동
- 比赛 bǐsài 명 경기, 시합
- 特别 tèbié 부 특히, 특별히, 무척
- 爱 ài 동 사랑하다, ~을 즐기다
- 昨晚 zuówǎn 명 어제저녁, 어젯밤
- 熬夜 áoyè 명 밤새다
- 天啊 tiān a 감 세상에!, 맙소사!

- 爱好 àihào 명 취미
- 电影 diànyǐng 명 영화
- 每 měi 대 매, ~마다
- 周 zhōu 명 주(일주일의 단위)
- 部 bù 양 편(영화나 드라마를 세는 단위)
- 《星球大战》 Xīngqiú Dàzhàn 「스타워즈」(영화 제목)
- 好 hǎo 부 ~씩이나, 꽤(강조)
- 遍 biàn 양 번, 차례, 회

- 道 dào 양 개, 가지(음식을 세는 단위)
- 菜 cài 명 요리, 음식
- 炒饭 chǎofàn 명 볶음밥
- 红烧肉 hóngshāoròu 명 훙샤오로우(중국 음식)
- 鸡蛋汤 jīdàntāng 명 계란국
- 想到 xiǎngdào 동 생각하다, 예상하다
- 会 huì 동 ~을 잘하다, ~에 뛰어나다
- 做菜 zuòcài 동 요리하다, 음식을 만들다
- 味道 wèidào 명 맛, 냄새
- 极了 jíle 끝내주게 ~하다, 매우 ~하다
- 这些 zhèxiē 대 이런 것들, 이들
- 用 yòng 동 사용하다, 할애하다
- 棒 bàng 형 좋다, 뛰어나다

회화 Dialogue

 밍밍이 자신이 좋아하는 운동에 대해 이야기한다.

丽丽　你喜欢①什么运动?
　　　Nǐ xǐhuan shénme yùndòng?

明明　我喜欢跑步。
　　　Wǒ xǐhuan pǎobù.

丽丽　你每天跑多长时间?
　　　Nǐ měitiān pǎo duōcháng shíjiān?

明明　我每天早上跑一个小时②。
　　　Wǒ měitiān zǎoshang pǎo yí ge xiǎoshí.

리리　넌 어떤 운동을 좋아하니?
밍밍　나는 달리기를 좋아해.
리리　매일 얼마나 달리는데?
밍밍　난 매일 아침 한 시간씩 달려.

표현 TIP

① 喜欢은 단순히 '(어떤 대상을) 좋아하다'라는 뜻 외에 어떤 동작이나 상태를 즐길 때에도 사용한다.

 밍밍과 리리가 서로 좋아하는 TV프로그램에 대해 이야기한다.

丽丽 你喜欢看电视剧吗?
Nǐ xǐhuan kàn diànshìjù ma?

明明 不。我喜欢看体育比赛。
Bù. Wǒ xǐhuan kàn tǐyù bǐsài.

丽丽 我特别爱① 看韩国的电视剧。
Wǒ tèbié ài kàn Hánguó de diànshìjù.

昨晚② 我熬夜了。
Zuówǎn wǒ áoyè le.

明明 天啊!③
Tiān a!

리리 너 드라마 보는 거 좋아하니?
밍밍 아니, 나는 스포츠 경기 보는 걸 좋아해.
리리 나는 한국 드라마를 무척 좋아해.
　　 어젯밤에 밤샜어.
밍밍 세상에!

① 爱은 단순히 '(어떤 대상을) 사랑하다'라는 뜻 외에 어떤 일을 취미로서 즐길 때에도 사용한다.
② 昨晚는 昨天晚上 zuótiān wǎnshang의 줄임말로 '어제저녁', '어젯밤'이라는 뜻이다.
③ 天啊!는 놀람을 나타내는 감탄 표현으로 영어의 '오, 마이 갓!'처럼 我的天啊!라고 말하기도 한다.

회화 Dialogue

 영화를 좋아하는 밍밍이 자신이 가장 좋아하는 영화에 대해 이야기한다.

丽丽 你的爱好是什么？
　　　Nǐ de àihào shì shénme?

明明 我的爱好是看电影。
　　　Wǒ de àihào shì kàn diànyǐng.

　　　我每周①一定要看三部电影。
　　　Wǒ měi zhōu yídìng yào kàn sān bù diànyǐng.

丽丽 你最喜欢的电影是什么？
　　　Nǐ zuì xǐhuan de diànyǐng shì shénme?

明明 《星球大战》！我看了好②几遍。
　　　《Xīngqiú Dàzhàn》! Wǒ kàn le hǎo jǐ biàn.

리리 넌 취미가 뭐야?
밍밍 내 취미는 영화를 보는 거야.
　　　매주 영화 세 편은 꼭 봐야 해.
리리 가장 좋아하는 영화는 뭐야?
밍밍 『스타워즈』! 난 몇 번이나 봤어.

표현 TIP

① 周는 '주', '일주일'의 뜻으로 星期와 같은 의미의 표현이다.
② 여기서 好는 '좋다'라는 의미로 쓰이지 않고, 수량 표현 앞에 쓰여 수량이 많음을 강조한다.

 리리가 밍밍을 초대하여 자신이 직접 만든 음식을 대접한다.

丽丽　今天我准备了三道菜。
　　　Jīntiān wǒ zhǔnbèi le sān dào cài.

　　　炒饭、红烧肉①、鸡蛋汤！
　　　Chǎofàn、hóngshāoròu、jīdàntāng!

明明　没想到②你会③做菜。
　　　Méi xiǎngdào nǐ huì zuòcài.

　　　味道好极了！
　　　Wèidào hǎo jíle!

丽丽　做这些菜只用了一个小时。
　　　Zuò zhèxiē cài zhǐ yòng le yí ge xiǎoshí.

明明　真棒！
　　　Zhēn bàng!

리리　내가 오늘 세 가지 요리를 준비했어.
　　　볶음밥, 돼지고기 볶음, 계란국!
밍밍　네가 요리를 잘하는 줄 몰랐어.
　　　맛이 끝내주게 좋은 걸!
리리　이 음식들을 만드는 데 1시간밖에 안 걸렸어.
밍밍　진짜 대단하다!

① 红烧肉는 살짝 볶은 돼지고기를 간장 양념에 다시 익힌 중국 요리이다.
② 没(有)想到는 미처 생각하지 못했음을 의미한다.
③ 会는 여기서 '~일 것이다'의 뜻으로 쓰이지 않고, '~을 잘하다'라는 의미로 쓰였다.

표현 Check ✓

1. 你每天跑多长时间? 매일 얼마나 달려요?

「…多长时间?」은 '얼마의 시간'이라는 뜻이며, 의문문에 쓰인다.

A 你做这些菜用了多长时间? 이 요리를 만드는 데 시간이 얼마나 걸렸니?
Nǐ zuò zhèxiē cài yòng le duōcháng shíjiān?

B 只用了一个小时。 한 시간밖에 안 걸렸어.
Zhǐ yòng le yí ge xiǎoshí.

2. 我每天早上跑一个小时。 저는 매일 아침 한 시간씩 달려요.

'어떤 동작이나 행위를 얼마 동안(혹은 얼마나) 하다'라고 표현할 때 동작·행위를 나타내는 동사 표현을 먼저 쓰고 뒤에 시간이나 수량 표현을 쓴다.

A 我每天学习十个小时。 나는 하루에 열 시간씩 공부해.
Wǒ měitiān xuéxí shí ge xiǎoshí.

B 你别开玩笑! 농담하지 마!
Nǐ bié kāi wánxiào!

开玩笑 kāi wánxiào 동 농담하다

3. 没想到你会做菜。 당신이 요리를 잘하는 줄 몰랐어요.

会는 세 가지의 쓰임이 있다. 추측과 가능성을 나타내는 '~할 것이다'의 의미, '~을 (배워서) 할 줄 알다'의 의미, '~을 잘하다'. '~에 뛰어나다'의 의미이다. 본문 대화에서는 세 번째 의미로 쓰였다.

A 他会唱歌吗? 그는 노래를 잘 부르니?
Tā huì chànggē ma?

B 他真的不会唱歌。 그는 정말 노래를 못 불러.
Tā zhēnde bú huì chànggē.

4 味道好极了！ 맛이 끝내주게 좋아요!

「…极了」는 상태를 나타내는 형용사 뒤에서 정도가 매우 높음을 강조한다. 주로 긍정적인 표현에 쓰인다.

A 那儿的风景怎么样? 그곳의 풍경은 어때요?
Nàr de fēngjǐng zěnmeyàng?

B 美极了！ 끝내주게 멋져요!
Měi jíle!

美 měi 형 아름답다, 멋지다

단어 TIP 취미

단어	병음	뜻
看电视	kàn diànshì	TV를 보다
看电影	kàn diànyǐng	영화를 보다
听音乐	tīng yīnyuè	음악을 듣다
逛街	guàngjiē	쇼핑을 하다, 거리를 거닐다
看书/读书	kànshū / dúshū	책을 읽다

단어	병음	뜻
做菜	zuòcài	요리를 하다
唱歌	chànggē	노래를 부르다
画画儿	huàhuàr	그림을 그리다
跳舞	tiàowǔ	춤을 추다
玩儿游戏	wánr yóuxì	게임을 하다

단어 TIP 운동

단어	병음	뜻
足球	zúqiú	축구
棒球	bàngqiú	야구
篮球	lánqiú	농구
网球	wǎngqiú	테니스
乒乓球	pīngpāngqiú	탁구

단어	병음	뜻
游泳	yóuyǒng	수영
滑雪	huáxuě	스키
滑冰	huábīng	스케이트
瑜伽	yújiā	요가
高尔夫	gāo'ěrfū	골프

패턴 Check ✓

🎧 05-6

1 我**每**天跑**一个小时**。 저는 매일 한 시간씩 달려요.

我**每**天睡**八个小时**。 저는 매일 8시간씩 자요.
我**每**天游**两个小时**。 저는 매일 2시간씩 수영해요.
我**每**天学习**三个小时**。 저는 매일 3시간씩 공부해요.

睡 shuì 동 (잠을) 자다 | 游 yóu 동 수영하다, 헤엄치다

2 我**特别爱**看电视剧。 저는 특히 드라마를 즐겨 봐요.

我**特别爱**看电影。 저는 특히 영화를 즐겨 봐요.
我**特别爱**听音乐。 저는 특히 음악을 즐겨 들어요.
我**特别爱**吃冰淇淋。 저는 특히 아이스크림을 즐겨 먹어요.

冰淇淋 bīngqílín 명 아이스크림

3 **没想到**你**会**做菜。 당신이 요리를 잘하는 줄 몰랐어요.

没想到你**会**唱歌。 당신이 노래를 잘하는 줄 몰랐어요.
没想到你**会**开玩笑。 당신이 농담을 잘하는 줄 몰랐어요.
没想到你很**会**说话。 당신이 말을 이렇게 잘하는 줄 몰랐어요.

4 味道好**极了**！ 맛이 끝내주게 좋아요!

风景美**极了**！ 풍경이 끝내주게 멋져요!
他高兴**极了**！ 그가 굉장히 기뻐해요!
这苹果好吃**极了**！ 이 사과는 정말 맛있어요!

학습 Check ✓

1 빈칸에 알맞은 한자와 한어병음을 적으세요.

① 시간 _____   ② 매일 _____

③ 드라마 _____   ④ 밤새다 _____

⑤ 취미 _____   ⑥ 좋다, 뛰어나다 _____

2 그림에 어울리는 문장을 찾으세요.

Ⓐ

① 我每天跑一个小时。
② 我每天游两个小时。
③ 我每天学习三个小时。

Ⓑ

① 我特别爱唱歌。
② 我特别爱逛街。
③ 我特别爱看书。

Ⓒ

① 他高兴极了！
② 这道菜好吃极了！
③ 这件衣服漂亮极了！

학습 Check ✓

3 대화를 보고 질문에 알맞은 답을 고르세요.

Ⓐ B에 대해 알 수 있는 것은 무엇인가요?
　A：你喜欢看体育比赛吗？
　B：喜欢。昨晚我熬夜看了棒球比赛。

　① 昨晚没睡觉　　② 爱看电视剧　　③ 不看体育比赛

Ⓑ A에 대해 알 수 있는 것은 무엇인가요?
　A：我最喜欢《三国演义》！读了好几遍。
　B：我不喜欢读书。

　① 不爱读书　　② 喜欢读书　　③ 读了一遍《三国演义》

《三国演义》Sānguó Yǎnyì 「삼국연의」(중국 소설)

Ⓒ 대화를 통해 알 수 있는 것은 무엇인가요?
　A：我做这些菜只用了半个小时。
　B：没想到你很会做菜。

　① B做了菜　　② B会做菜　　③ A会做菜

4 제시된 단어를 알맞게 배열하여 문장을 완성하세요.

① 是 / 我的 / 滑雪 / 爱好

_____

② 菜 / 三道 / 今天 / 我做了

_____

③ 看 / 电影 / 两部 / 一定要 / 我每周

_____

CHINESE epilogue #04

> **손가락 숫자 표현**
> "주먹은 0이 아니라 10을 가리켜요!"

보디랭귀지는 세계 공용어이다. 그러나 중국 사람들의 손가락 숫자 표시는 외국인들이 한번에 이해하는 데 다소 어려움이 있다. 1부터 5까지는 우리의 표현 방식과 같지만 6부터 10까지는 양손이 아닌 한 손만 이용하여 독특하게 표현하기 때문이다. 그중에서도 특히 10은 세 가지 방식으로 표현할 수 있다. 한 손의 식지와 중지를 교차하거나, 두 손의 식지를 겹쳐 한자로 '十(열 십)'을 만들거나, 혹은 가볍게 주먹을 쥐어 보인다. 중국 사람들이 일상에서 자주 손가락으로 숫자를 표시하는 이유는 지역별로 방언이 매우 심해서 서로의 표현을 잘못 알아듣는 경우가 종종 있기 때문이다. 특히 물건을 사고 팔 때, 서로 물품의 수량이나 가격을 잘못 전달할 수 있으므로 늘 입과 손으로 숫자를 표시하는 것이 습관화되어 있다. 또한 권설음 발음이 어려운 중국의 남방 지역 사람들과 이야기할 때, 숫자 4(四 sì)와 10(十 shí)을 발음으로만 구분해서 듣기란 쉽지 않으므로 손가락 표현은 꼭 필요하다.

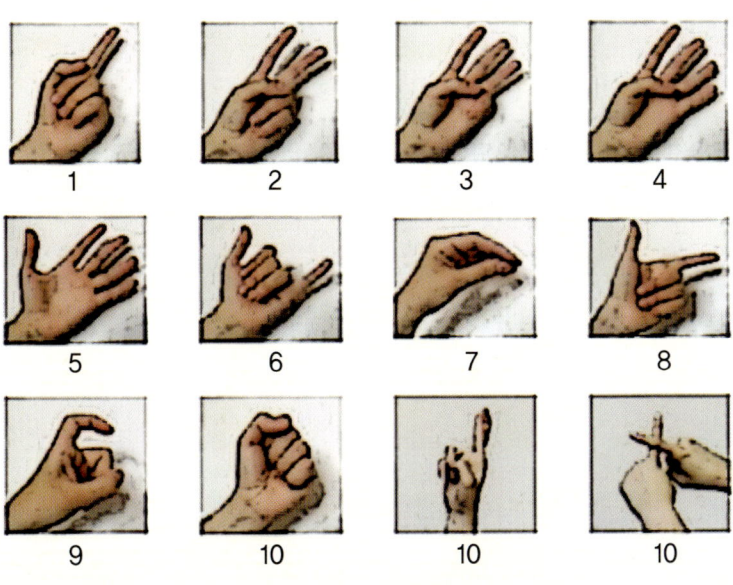

06

만만한 복습

04과 ~ 05과

- 표현 Review
- 긴 회화 Dialogue

학습목표 4과, 5과의 회화 표현을 긴 회화로 학습합니다.

표현 Review

04과

1. 지금 뭐 하고 있어요?
   ➡ 你在干什么呢? Nǐ zài gàn shénme ne?

2. 당신이 말하자마자 저는 배가 고파요.
   ➡ 你一说我就饿了。 Nǐ yì shuō wǒ jiù è le.

3. 벌써 30분째 당신을 기다리고 있어요.
   ➡ 我已经等了你三十分钟了。 Wǒ yǐjīng děng le nǐ sānshí fēnzhōng le.

4. 제가 보기에 당신은 아마도 소화불량이에요.
   ➡ 我看，你可能是消化不良。 Wǒ kàn, nǐ kěnéng shì xiāohuà bùliáng.

05과

1. 매일 얼마나 달려요?
   ➡ 你每天跑多长时间？ Nǐ měitiān pǎo duōcháng shíjiān?

2. 저는 매일 아침 한 시간씩 달려요.
   ➡ 我每天早上跑一个小时。
   Wǒ měitiān zǎoshang pǎo yí ge xiǎoshí.

3. 당신이 요리를 잘하는 줄 몰랐어요.
   ➡ 没想到你会做菜。 Méi xiǎngdào nǐ huì zuòcài.

4. 맛이 끝내주게 좋아요!
   ➡ 味道好极了！ Wèidào hǎo jíle!

긴 회화 Dialogue

A 你在干什么呢?
Nǐ zài gàn shénme ne?

B 我在看电视呢。有事吗?
Wǒ zài kàn diànshì ne. Yǒu shì ma?

A 晚上我们一起去吃羊肉串儿吧。
Wǎnshang wǒmen yìqǐ qù chī yángròuchuànr ba.

B 羊肉串儿? 你一说我就饿了。我这就准备。
Yángròuchuànr? Nǐ yì shuō wǒ jiù è le. Wǒ zhè jiù zhǔnbèi.

(잠시 후)

A 你怎么总是迟到啊? 我已经等了你三十分钟了。
Nǐ zěnme zǒngshì chídào a? Wǒ yǐjīng děng le nǐ sānshí fēnzhōng le.

B 对不起! 我马上到。
Duìbuqǐ! Wǒ mǎshàng dào.

(식사 후)

A 你哪儿不舒服吗?
Nǐ nǎr bù shūfu ma?

B 撑死了①。肚子很难受。
Chēng sǐle. Dùzi hěn nánshòu.

A 我看, 你吃得太多了。
Wǒ kàn, nǐ chī de tài duō le.

A 너 지금 뭐 하고 있니?
B TV 보고 있어. 무슨 일 있니?
A 저녁에 우리 같이 양꼬치 먹으러 가자.
B 양꼬치? 네가 말하니까 배고프다. 바로 준비할게.

(잠시 후)

A 넌 어쩜 항상 늦니? 벌써 30분째 널 기다리고 있잖아.
B 진짜 미안해! 곧 도착해.

(식사 후)

A 어디 불편하니?
B 배불러 죽겠어. 속이 불편해.
A 내가 보기에 넌 너무 많이 먹었어.

단어
晚上 wǎnshang 명 저녁 | 羊肉串儿 yángròuchuànr 명 양고기 꼬치구이, 양꼬치 | 撑 chēng 동 가득 채우다, 꽉 차다 | 死了 sǐle ~해 죽겠다, 극도로 ~하다 | 肚子 dùzi 명 배, 복부 | 难受 nánshòu 형 불편하다

표현 TIP
① 死了는 동사나 형용사 뒤에 쓰여 정도가 매우 심함을 나타낸다.

✓ 학습 Check 1

1 우리말 문장을 중국어로 적으세요.

① 저는 TV를 보고 있어요.
_____

② 당신이 말하자마자 저는 배가 고파요.
_____

③ 당신은 어쩜 항상 늦어요?
_____

④ 제가 보기에 당신은 너무 많이 먹었어요.
_____

2 빈칸에 알맞은 대화를 넣어 말해보세요.

① A _____ (Nǐ zài gàn shénme ne?)

　 B 我正在吃饭呢。

② A _____ (Nǐ yǒu shì ma?)

　 B 我们一起去吃羊肉串儿吧。

③ A _____ (Wǒ yǐjīng děng le nǐ sānshí fēnzhōng le.)

　 B 对不起！我马上到。

④ A _____ (Nǐ nǎr bù shūfu ma?)

　 B 撑死了。肚子很难受。

긴 회화 Dialogue

🎧 06-4

A 你喜欢什么运动?
Nǐ xǐhuan shénme yùndòng?

B 我喜欢游泳。我每天游一个小时。
Wǒ xǐhuan yóuyǒng. Wǒ měitiān yóu yí ge xiǎoshí.

你会① 游泳吗?
Nǐ huì yóuyǒng ma?

A 我不会游泳。
Wǒ bú huì yóuyǒng.

B 你的爱好是什么?
Nǐ de àihào shì shénme?

A 我的爱好是做菜。
Wǒ de àihào shì zuòcài.

B 你做菜? 别开玩笑了。
Nǐ zuòcài? Bié kāi wánxiào le.

A 我没开玩笑。这是我做的菜。你尝尝。
Wǒ méi kāi wánxiào. Zhè shì wǒ zuò de cài. Nǐ chángchang.

B 味道好极了! 没想到你会② 做菜。
Wèidào hǎo jíle! Méi xiǎngdào nǐ huì zuòcài.

A 넌 어떤 운동을 좋아하니?
B 나는 수영을 좋아해. 매일 한 시간씩 수영해.
  너는 수영할 줄 아니?
A 난 수영할 줄 몰라.
B 네 취미는 뭐야?
A 내 취미는 요리야.
B 네가 요리를 한다고? 농담하지 마.
A 농담 아니야. 이건 내가 만든 요리야. 먹어 봐.
B 맛이 끝내주는 걸! 네가 요리를 잘하는 줄 몰랐어.

단어 🎧 06-5
游泳 yóuyǒng 명 수영 동 수영하다 | 游 yóu 동 수영하다, 헤엄치다 | 会 huì 동 ~할 줄 알다 | 开玩笑 kāi wánxiào 동 농담하다 | 尝 cháng 동 맛보다, 시식하다

표현 TIP
① 会는 이 문장에서 후천적인 노력이나 학습으로 '~할 줄 알다'의 의미를 나타낸다.
② 会는 이 문장에서 '잘하다', '뛰어나다'의 의미로 어떤 일에 대한 능력이 좋고 뛰어남을 나타낸다.

✓ 학습 Check 2

1 우리말 문장을 중국어로 적으세요.

① 당신은 어떤 운동을 좋아해요?
_____

② 저는 수영을 좋아해요.
_____

③ 농담하지 말아요.
_____

④ 당신이 요리를 잘하는 줄 몰랐어요.
_____

2 빈칸에 알맞은 대화를 넣어 말해보세요.

① A 你每天游多长时间?

B _____ (Wǒ měitiān yóu yí ge xiǎoshí.)

② A 你会游泳吗?

B _____ (Wǒ bú huì yóuyǒng.)

③ A _____ (Nǐ de àihào shì shénme?)

B 我的爱好是做菜。

④ A 你尝尝我做的菜。

B _____ (Wèidào hǎo jíle!)

자·신·만·만 복습 I

 01~06과의 학습 내용을 핵심 표현만 콕콕 짚어 복습합니다.

- ✓ 듣기 Check up!
- ✓ 단어 Check up!
- ✓ 문장 Check up!
- ✓ 회화 Check up!
- ✓ 쓰기 Check up!

듣기 Check up!

1 녹음을 듣고 한자와 뜻을 적으세요. 복습 1-1

① _____

② _____

③ _____

④ _____

⑤ _____

⑥ _____

⑦ _____

⑧ _____

2 녹음을 듣고 알맞은 그림을 찾으세요. 복습 1-2

①    ②    ③   ④

A

B

C

D

3 빈칸에 알맞은 단어 퍼즐을 넣으세요.

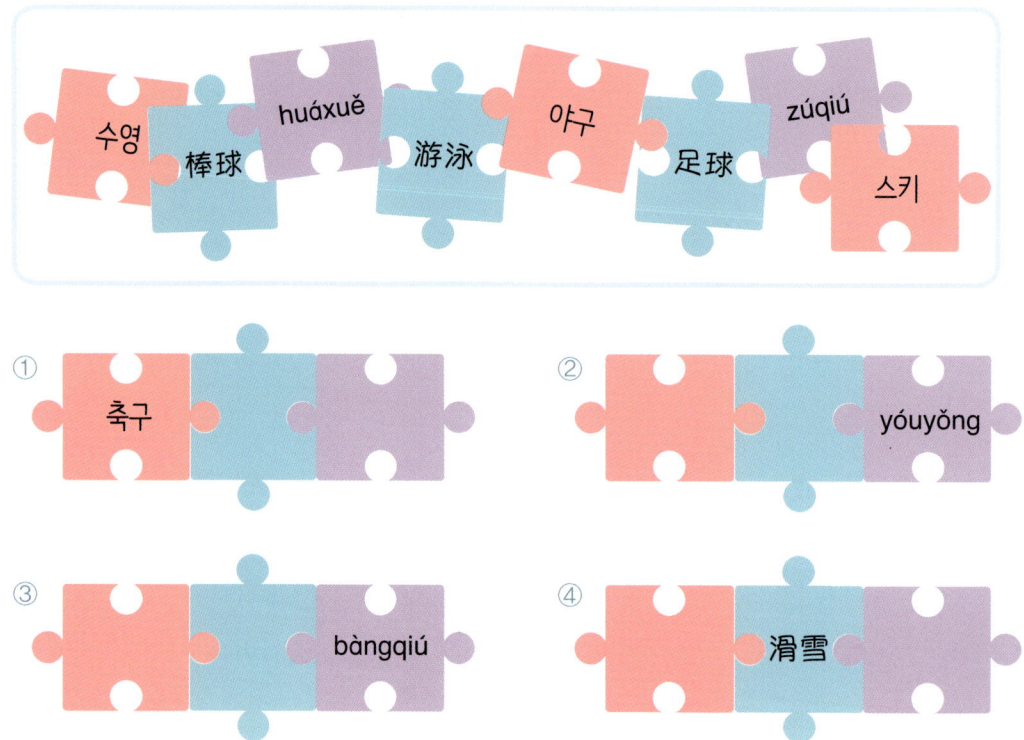

문장 Check up!

4 우리말 문장을 중국어로 적으세요.

① 방학은 어떻게 지냈어요? ➡ _____

② 그녀는 예쁘고, 또 착해요. ➡ _____

③ 당신이 말하자마자 저는 배가 고파요. ➡ _____

④ 당신은 취미가 뭐예요? ➡ _____

회화 Check up!

5 그림을 보며 상황에 어울리는 대화를 완성하세요.

①

A 我上个月考了汉语考试。
B _____
A 我觉得考得很好。

②

A 你好！我叫安娜！
B _____
A 我是两年前来中国的。

③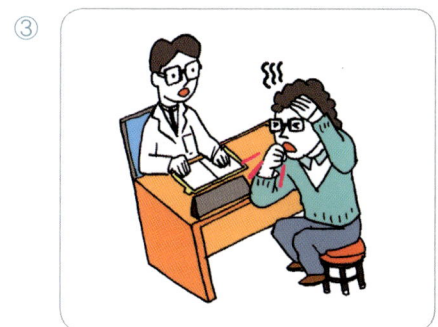

A _____
B 我从昨天开始发烧、咳嗽。
A 我看，你可能是感冒了。

④

A 我很喜欢练瑜伽。
B _____
A 我每天早上练一个小时。

练 liàn 동 연습하다, 훈련하다

쓰기 Check up!

6 큰소리로 읽으며 한자를 써보세요.

旅行 lǚxíng 여행하다

| 旅 | 行 | | | | |

旅 旅旅旅旅旅旅旅旅旅
行 行行行行行行

照片 zhàopiàn 사진

| 照 | 片 | | | | |

照 照照照照照照照照照照照照
片 片片片片片

介绍 jièshào 소개하다

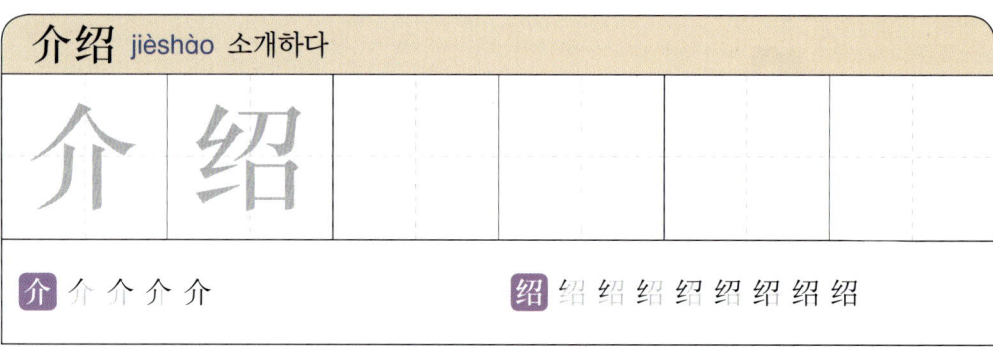

介 介介介介介
绍 绍绍绍绍绍绍绍绍

高兴 gāoxìng 기쁘다, 즐겁다

高 高高高高高高高高高
兴 兴兴兴兴兴兴

迟到 chídào 늦다, 지각하다

迟 迟迟迟迟迟迟迟
到 到到到到到到到到

开始 kāishǐ 시작하다

开 开开开开开
始 始始始始始始始

运动 yùndòng 운동

运 运运运运运运运
动 动动动动动动

特别 tèbié 특히, 특별히, 무척

特 特特特特特特特特
别 别别别别别别别别

07

예전보다 돈을 더 많이 써.

花钱比以前更多了。

Huāqián bǐ yǐqián gèng duō le.

학습목표

비교하여 말하기와 과거의 경험 유무를 나타내는 표현을 학습합니다.

단어 Check ✓

07-1

- 里 li 명 안, 안쪽, 속
- 下班 xiàbān 동 퇴근하다
- 高峰期 gāofēngqī 명 피크 타임
- 公交车 gōngjiāochē 명 버스(대중교통)
- 嗯 ǹg 감 응, 그래

- 还是 háishi 부 그래도, 역시, ~하는 편이 더 좋다
- 快 kuài 형 빠르다

- 过 guo 조 ~한 적이 있다
- 高铁 gāotiě 명 고속열차, 고속철도
- 上次 shàngcì 명 지난번
- 比 bǐ 전 ~에 비해, ~보다
- 普通 pǔtōng 형 일반적이다, 보통이다

- 火车 huǒchē 명 기차, 열차
- 倍 bèi 양 배, 배수, 곱절
- 需要 xūyào 동 필요하다

- 换 huàn 동 바꾸다, 교환하다
- 手机 shǒujī 명 휴대전화
- 新款 xīnkuǎn 명 신형 / 형 새로운 스타일의
- 价钱 jiàqián 명 가격, 값
- 以前 yǐqián 명 과거, 이전, 예전

- 差不多 chàbuduō 형 (시간·정도·거리 등이) 비슷하다, 큰 차이가 없다
- 但是 dànshì 접 그러나, 하지만
- 功能 gōngnéng 명 기능
- 更 gèng 부 더욱, 훨씬
- 新 xīn 형 새롭다, 새 것의

- 结账 jiézhàng 동 결제하다, 계산하다
- 方便 fāngbiàn 형 편리하다
- 不过 búguò 접 그러나, 하지만
- 花钱 huāqián 동 돈을 쓰다, 소비하다
- 倒 dào 부 오히려, 도리어

- 得 děi 동 ~해야 한다
- 省钱 shěngqián 동 돈을 아끼다, 돈을 절약하다

회화 Dialogue

🎧 07-2

 저녁 시간, 밍밍과 안나가 전철을 타고 집으로 돌아가는 중이다.

安娜 **地铁里人真多！**
Dìtiě li rén zhēn duō!

明明 **从六点到七点是下班高峰期。**
Cóng liù diǎn dào qī diǎn shì xiàbān gāofēngqī.

安娜 **坐公交车的人也会很多吧?**
Zuò gōngjiāochē de rén yě huì hěn duō ba?

明明 **嗯，还是①坐地铁最快。**
Ng, háishi zuò dìtiě zuì kuài.

안나 전철 안에 사람이 정말 많다!
밍밍 6시부터 7시까지 퇴근 피크 타임이잖아.
안나 버스를 타는 사람도 많겠지?
밍밍 응. 그래도 전철을 타는 게 제일 빨라.

표현 TIP

① 还是는 여기서 '그래도 ~하는 편이 좋다'의 뜻을 나타내는 부사이다.

 밍밍과 안나가 고속열차에 대해 대화를 나눈다.

安娜 **你坐过高铁^①吗?**
Nǐ zuòguo gāotiě ma?

明明 **上次去旅行的时候坐过。**
Shàngcì qù lǚxíng de shíhou zuòguo.

安娜 **听说，高铁比普通火车快两倍。**
Tīngshuō, gāotiě bǐ pǔtōng huǒchē kuài liǎng bèi.

明明 **对。从北京到上海只需要**
Duì. Cóng Běijīng dào Shànghǎi zhǐ xūyào

五个小时。
wǔ ge xiǎoshí.

안나 너 고속열차 타봤니?
밍밍 지난번 여행갈 때 타봤어.
안나 고속열차가 일반열차보다 두 배 빠르대.
밍밍 맞아. 베이징에서 상하이까지 5시간이면 가.

① 高铁는 高速铁路 gāosù tiělù 의 줄임 표현이다. 고속열차의 개통으로 베이징과 상하이를 오가는 시간이 절반으로 단축되었다.

회화 Dialogue

🎧 07-4

리리가 밍밍에게 새로 산 스마트폰을 보여주며 자랑한다.

丽丽 我换手机了。
Wǒ huàn shǒujī le.

明明 是最新款吗？贵不贵？
Shì zuì xīnkuǎn ma? Guì bu guì?

丽丽 价钱跟以前用的差不多①。
Jiàqián gēn yǐqián yòng de chàbuduō.

但是功能更多。
Dànshì gōngnéng gèng duō.

明明 还是新的好。我也想换。
Háishi xīn de hǎo. Wǒ yě xiǎng huàn.

리리 나 휴대전화 바꿨어.
밍밍 최신 모델이야? 비싸니?
리리 가격은 이전에 쓰던 것과 비슷해.
하지만 기능은 더 많아.
밍밍 역시 새 것이 좋구나. 나도 바꾸고 싶다.

표현 TIP

① 「跟…差不多」는 '~과 비슷하다'라는 비교를 나타내는 표현이다.

 밍밍과 리리가 스마트폰 결제에 대해 대화를 나눈다.

丽丽 你用手机结过账^①吗?
Nǐ yòng shǒujī jiéguo zhàng ma?

明明 没有^②。你呢? 方便吗?
Méiyǒu. Nǐ ne? Fāngbiàn ma?

丽丽 特别方便。
Tèbié fāngbiàn.

不过花钱比以前更多了。
Búguò huāqián bǐ yǐqián gèng duō le.

明明 那倒也是^③。我得省钱。
Nà dào yě shì. Wǒ děi shěngqián.

리리 휴대폰으로 결제해봤니?
밍밍 아니. 넌 해봤어? 편해?
리리 정말 편해. 다만 예전보다 돈을 더 많이 써.
밍밍 그건 그렇네. 난 돈을 아껴야 해.

 표현 TIP

① 结账은 동사 结와 명사 账이 결합한 구조(이합동사)로 이같은 동사에서는 过가 중간에 온다.
② 경험 유무에 대해 부정으로 대답할 경우, '해본 적 없다'라는 의미로 没有만으로 대답할 수 있다.
③ 那倒也是는 상대방의 의견이나 생각에 동의를 나타내는 표현이다.

표현 Check ✓

1. 从六点到七点是下班高峰期。
6시부터 7시까지는 퇴근 피크 타임이에요.

「从…到…」는 '~에서(부터) ~까지'라는 의미로 출발이나 시작, 발생 지점에서 도착이나 종결 지점 등을 표현할 때 사용한다.

A 车里人真多！ 차 안에 사람이 정말 많아!
Chē li rén zhēn duō!

B 从八点到九点是上班时间高峰期。 8시부터 9시까지는 출근 피크 타임이잖아.
Cóng bā diǎn dào jiǔ diǎn shì shàngbān gāofēngqī.

2. 你坐过高铁吗? 고속열차를 타본 적 있어요?

过는 '~한 적 있다'라는 뜻으로 동사 뒤에 쓰여 경험을 나타낸다. '~한 적 없다'라는 경험에 대한 부정을 표현할 때에는 没, 혹은 没有를 동사 앞에 붙여 没(有)…过로 표현한다.

A 你坐过公交车吗? 버스를 타본 적이 있니?
Nǐ zuòguo gōngjiāochē ma?

B 没坐过。 타본 적 없어.
Méi zuòguo.

3. 高铁比普通火车快两倍。 고속열차가 일반열차보다 두 배 빨라요.

比는 '~보다', '~에 비해서'라는 의미로 비교문에 쓰는 표현이다. 주로 「주어 + 比 + 비교 대상 + 비교 내용」 형태로 쓰며, 비교 내용을 나타내는 동사나 형용사 앞에 更, 还 등의 부사를 쓸 수 있다.(단, 很, 非常, 太는 쓰지 않는다.) 수량을 비교할 경우, 뒤에 구체적인 수량사가 오기도 한다.

A 我们坐出租车去吗? 우리 택시를 타고 가요?
Wǒmen zuò chūzūchē qù ma?

B 坐地铁，地铁比出租车快。 전철을 타요. 전철이 택시보다 빨라요.
Zuò dìtiě, dìtiě bǐ chūzūchē kuài.

4 **价钱跟以前用的差不多。** 가격은 이전에 사용하던 것과 비슷해요.

「跟…差不多」는 '~과 비슷하다'라는 의미로 비교를 나타내는 표현이다.

A 他个子高吗? 그는 키가 크니?
  Tā gèzi gāo ma?

B 我觉得跟你差不多。 너와 비슷한 것 같아.
  Wǒ juéde gēn nǐ chàbuduō.

个子 gèzi 명 키 | 高 gāo 형 크다, 높다

단어 TIP 교통수단

단어	병음	뜻
汽车	qìchē	자동차
私家车	sījiāchē	자가용
出租车	chūzūchē	택시
公交车	gōngjiāochē	버스
地铁	dìtiě	전철

단어	병음	뜻
火车	huǒchē	기차
飞机	fēijī	비행기
船	chuán	배
自行车	zìxíngchē	자전거
摩托车	mótuōchē	오토바이

패턴 Check ✓

🎧 07-6

1 从六点到七点是下班时间。 6시부터 7시까지 퇴근 시간이에요.

从十二点到一点是午饭时间。 12시부터 1시까지 점심 시간이에요.
从首尔到北京需要两个小时。 서울에서 베이징까지 2시간이 걸려요.
从北京到上海需要五个小时。 베이징에서 상하이까지 5시간이 걸려요.

午饭 wǔfàn 명 점심, 점심식사

2 你坐过高铁吗? 고속열차를 타본 적 있어요?

你坐过船吗? 배를 타본 적이 있어요?
你坐过飞机吗? 비행기를 타본 적이 있어요?
你坐过火车吗? 기차를 타본 적이 있어요?

3 高铁比普通火车快两倍。 고속열차가 일반열차보다 두 배 빨라요.

地铁比出租车快。 전철이 택시보다 빨라요.
飞机比火车更快。 비행기가 기차보다 더 빨라요.
摩托车比自行车快得多。 오토바이가 자전거보다 훨씬 빨라요.

4 价钱跟以前用的差不多。 가격은 이전에 사용하던 것과 비슷해요.

功能跟这个差不多。 기능은 이것과 비슷해요.
味道跟那个差不多。 맛은 그것과 비슷해요.
大小跟你的差不多。 크기는 당신 것과 비슷해요.

大小 dàxiǎo 명 크기

학습 Check ✓

1 빈칸에 알맞은 한자와 한어병음을 적으세요.

① 버스 _____   ② 필요하다 _____

③ 휴대전화 _____   ④ 결제하다 _____

⑤ 편리하다 _____   ⑥ 돈을 쓰다 _____

2 그림에 어울리는 문장을 찾으세요.

① 安娜坐过船。
② 明明坐过飞机。
③ 丽丽坐过高铁。

① 自行车比摩托车更方便。
② 摩托车比自行车快得多。
③ 摩托车比自行车贵几倍。

① 安娜的个子跟明明差不多。
② 明明的个子跟丽丽差不多。
③ 丽丽的个子跟安娜差不多。

학습 Check ✓

3 대화를 보고 질문에 알맞은 답을 고르세요.

A 대화를 통해 알 수 있는 것은 무엇인가요?
A：地铁里人真多！
B：从八点到九点是上班高峰期。
① 现在是十点　　② 他们在地铁里　　③ 他们要坐出租车

B 베이징에서 하얼빈까지 비행기로 얼마나 걸리나요?
A：从北京到哈尔滨需要多长时间?
B：坐飞机需要两个半小时。
① 半个小时　　② 一个小时　　③ 两个半小时

C B의 휴대전화는 어떤가요?
A：你新买的手机怎么样?
B：价钱比以前用的贵。但是功能多, 很方便。
① 有点儿贵　　② 功能很少　　③ 不太方便

少 shǎo 형 적다

4 제시된 단어를 알맞게 배열하여 문장을 완성하세요.

① 最 / 坐 / 快 / 出租车

_____

② 账 / 用 / 我 / 手机 / 结过

_____

③ 比 / 更 / 多了 / 花钱 / 以前

_____

CHINESE epilogue #05

> **차부둬(差不多) 선생**
>
> *"별 차이 없으면 된 거야!"*

한국 사람들의 '빨리빨리' 성향처럼 중국 사람들의 대표적인 성향에는 우리가 흔히 알고 있는 '만만디(慢慢地 mànmàndi 천천히)' 외에도, 또 다른 한 가지가 있다. 중국 근대 문학가이자 사상가였던 후스(胡適 Hú Shì)는 「差不多先生传(차부둬 선생전)」에서 그 성향을 유쾌하게 그려놓았다. 差不多 chàbuduō는 '별 차이가 없다'라는 뜻으로 소설에서는 무슨 일이든 대충 처리하는 당시 중국인들의 성향을 의인화하여 '차부둬 선생'이라는 인물이 등장한다. 이야기의 결말을 보면, 매사에 "差不多"라고 말하며 늘 대충대충 행동하는 차부둬 선생이 어느 날 갑자기 병이 들어 의사를 부르지만 의사 대신, 수의사가 오게 된다. 차부둬 선생은 의사나 수의사나 별 차이가 없다며 진료를 받고, 결국 숨을 거두게 된다. 마지막 숨을 거두면서도 그는 "산 사람이나 죽은 사람이나 별 차이 없지. 무슨 일이든 대충하면 되는 거야. 굳이 따지고들 필요가 뭐 있겠어."라는 말을 남긴다. 후스는 이런 정신을 본받으면 모두가 게으름뱅이가 되어 나라를 망친다라는 경각심을 남기며 소설의 끝을 맺는다. 다소 과장되지만 差不多라는 말에서 나타나는 중국 사람들의 성향을 익살스럽고 유쾌하게 풍자했다.

08

시간이 되면 내 공연을 보러 와.

如果有时间，来看我的演出。

Rúguǒ yǒu shíjiān, lái kàn wǒ de yǎnchū.

학습목표

'만약 ~라면'의 가정 표현과 자신의 생각과 견해를 말하는 표현을 학습합니다.

- 周末 zhōumò 명 주말
- 打算 dǎsuàn 명 계획 동 ~할 계획이다
- 如果(…的话) rúguǒ(…dehuà) 접 만약, 만약 ~한다면
- 演出 yǎnchū 명 공연 동 공연하다
- 朋友们 péngyǒumen 명 친구들

- 摇滚 yáogǔn 명 로큰롤, 록 음악
- 那里 nàli 대 거기, 그곳
- 气氛 qìfēn 명 분위기
- 热闹 rènao 형 신나다, 시끌벅적하다 동 신나게 놀다
- 其他 qítā 대 기타, 다른 것(사람·사물 등)
- 事情 shìqing 명 일, 사건

- 以为 yǐwéi 동 여기다, 생각하다
- 只是 zhǐshì 부 단지, 다만, 오직
- 原来 yuánlái 부 알고 보니, 원래
- 音乐 yīnyuè 명 음악
- 天才 tiāncái 명 천재
- 认为 rènwéi 동 생각하다, 인정하다
- 成为 chéngwéi 동 ~이 되다
- 著名 zhùmíng 형 유명하다
- 这么 zhème 대 이렇게
- 想 xiǎng 동 생각하다

- 爵士 juéshì 명 재즈
- 或者 huòzhě 접 ~이나 혹은 ~
- 古典音乐 gǔdiǎn yīnyuè 명 클래식, 고전음악
- 因为 yīnwèi 접 왜냐하면 전 ~때문에
- 叫 jiào 동 ~하게 하다
- 所以 suǒyǐ 접 그래서, 그러므로

회화 Dialogue

08-2

수현이 리리에게 주말 계획을 물으며 자신의 밴드 공연에 초대한다.

秀贤 周末你打算做什么?
Zhōumò nǐ dǎsuàn zuò shénme?

丽丽 周末我还没有打算。怎么了?
Zhōumò wǒ hái méiyǒu dǎsuàn. Zěnme le?

秀贤 如果有时间的话①,
Rúguǒ yǒu shíjiān dehuà,

来看我的演出吧。
lái kàn wǒ de yǎnchū ba.

수현 주말에 뭐 할 계획이니?
리리 주말에 아직 계획 없어. 왜?
수현 만약 시간이 되면 내 공연을 보러 와.
리리 좋아! 친구들과 함께 꼭 보러 갈게.

丽丽 好!我一定跟朋友们一起去看。
Hǎo! Wǒ yídìng gēn péngyǒumen yìqǐ qù kàn.

① 「如果…的话」는 가정을 나타내는 표현이다. 如果와 的话, 둘 중 하나를 생략하여 말할 수 있다.

 리리가 밍밍에게 록 밴드 공연을 함께 보러 가자고 이야기한다.

丽丽 我去看摇滚乐队的演出。你也去吧!
Wǒ qù kàn yáogǔn yuèduì de yǎnchū. Nǐ yě qù ba!

听说,那里气氛很热闹。
Tīngshuō, nàli qìfēn hěn rènao.

明明 我不太喜欢摇滚。
Wǒ bú tài xǐhuan yáogǔn.

丽丽 一起去吧!你一定会喜欢的①。
Yìqǐ qù ba! Nǐ yídìng huì xǐhuan de.

리리 록 밴드 공연 보러 갈 건데, 너도 가자! 거기 분위기가 무척 신난대.
밍밍 난 록은 별로 좋아하지 않아.
리리 같이 가자! 너도 분명히 좋아할 거야.
밍밍 알았어. 만약 다른 일이 없으면 갈게.

明明 好吧。
Hǎo ba.

如果没有其他事情,我就去。
Rúguǒ méiyǒu qítā shìqing, wǒ jiù qù.

① 「会…的」에서 会는 '~할 것이다'라는 뜻으로 문장 끝에 的와 함께 쓰여 강한 추측을 나타낸다.

회화 Dialogue

08-4

공연이 끝나고 리리와 민지가 수현에 대해 이야기한다.

丽丽 今天的演出真的很棒！
Jīntiān de yǎnchū zhēnde hěn bàng!

敏智 我以为①他只是普通学生，
Wǒ yǐwéi tā zhǐshì pǔtōng xuésheng,

原来是音乐天才。
yuánlái shì yīnyuè tiāncái.

丽丽 就是。我认为②他们一定
Jiù shì. Wǒ rènwéi tāmen yídìng

会成为著名的乐队。
huì chéngwéi zhùmíng de yuèduì.

敏智 我也这么想。
Wǒ yě zhème xiǎng.

리리 오늘 공연 정말 훌륭했어!
민지 난 그 애가 그냥 평범한 학생인 줄 알았는데, 알고 보니 음악 천재였어.
리리 그러게 말이야. 난 얘네가 분명히 유명한 밴드가 될 거라고 생각해.
민지 나도 그렇게 생각해.

표현 TIP

① 以为는 '~라고 생각하다'라는 뜻으로 생각한 것이 사실과 다를 때 사용한다.
② 认为는 객관적이고 비교적 정확한 견해나 생각을 나타낼 때 사용한다.

 밍밍이 안나에게 주말에 있었던 일을 이야기한다.

安娜 **周末做什么了?**
Zhōumò zuò shénme le?

明明 **看了摇滚乐队的演出。**
Kàn le yáogǔn yuèduì de yǎnchū.

安娜 **我以为你不喜欢摇滚。**
Wǒ yǐwéi nǐ bù xǐhuan yáogǔn.

明明 **对啊, 我喜欢爵士或者①古典音乐。**
Duì a, wǒ xǐhuan juéshì huòzhě gǔdiǎn yīnyuè.

因为朋友叫②我去看,
Yīnwèi péngyou jiào wǒ qù kàn,

所以我就去了。
suǒyǐ wǒ jiù qù le.

안나	주말에 뭐 했니?
밍밍	록 밴드 공연을 봤어.
안나	난 네가 록은 싫어하는 줄 알았는데.
밍밍	맞아. 난 재즈나 클래식을 좋아해. 친구가 가서 보자고 해서 갔어.

① **或者**는 '~이나 혹은~'이라는 뜻으로 앞뒤 표현의 선택 관계나 동등한 관계를 나타낸다.
② **叫**는 '~하게 하다'라는 뜻으로 바로 뒤에 행위의 대상이 오고, 행위가 이어진다.

표현 Check ✓

1. 如果有时间的话，来看我的演出吧。
만약 시간이 되면 제 공연을 보러 와요.

如果는 '만약'이라는 뜻으로 가정을 나타내는 표현이다. 「如果…的话，那么/就…」의 형태로 쓰이며, 的话나 那么/就는 문맥에 따라 생략할 수 있다.

A 如果我有时间的话，我就去。 만약 시간이 되면 갈게.
　Rúguǒ wǒ yǒu shíjiān dehuà, wǒ jiù qù.

B 好吧。 알았어.
　Hǎo ba.

2. 我以为他只是普通学生。 그가 그냥 보통 학생인 줄 알았어요.

以为는 '여기다', '생각하다'의 뜻으로 주관적인 생각이나 의견으로 사실과 다를 때 사용한다. 즉, '그런 줄 알고 있었는데, 사실은 그렇지 않다'라는 의미이다. 이와 유사한 표현 认为도 자신의 견해나 생각을 나타내지만 객관적이고 정확한 판단을 나타낸다.

A 她是我妹妹。 그녀는 내 동생이야.
　Tā shì wǒ mèimei.

B 我以为她是你的朋友。 나는 그녀가 네 친구인 줄 알았어.
　Wǒ yǐwéi tā shì nǐ de péngyou.

3. 我喜欢爵士或者古典音乐。 저는 재즈나 클래식을 좋아해요.

或者는 「A或者B」의 형태로 쓰여 'A 혹은 B', 'A 아니면 B'라는 뜻으로 평서문에서 두 가지의 선택 사항이나 동등한 관계의 것을 나열할 때 쓰인다.

A 你要喝什么? 뭐 마실래?
　Nǐ yào hē shénme?

B 我要喝咖啡或者茶。 나는 커피나 차를 마실래.
　Wǒ yào hē kāfēi huòzhě chá.

4 因为朋友叫我去看，所以我就去了。
친구가 가서 보자고 해서 갔어요.

「因为…所以…」는 '~때문에 ~하다'라는 뜻으로 원인과 결과를 나타낸다. 因为나 所以 둘 중 하나를 생략할 수 있다.

A 她为什么没来? 그녀가 왜 오지 않았지?
　Tā wèi shénme méi lái?

B 因为路上堵车，所以还没到。 길에 차가 막혀서 아직 도착하지 못했어.
　Yīnwèi lùshang dǔchē, suǒyǐ hái méi dào.

堵车 dǔchē 동 차가 막히다

단어 TIP 직업

단어	병음	뜻
歌手	gēshǒu	가수
演员	yǎnyuán	배우
作家	zuòjiā	작가
厨师	chúshī	요리사
运动员	yùndòngyuán	운동선수

단어	병음	뜻
医生	yīshēng	의사
律师	lǜshī	변호사
警察	jǐngchá	경찰
翻译	fānyì	통번역가
播音员	bōyīnyuán	아나운서

패턴 Check ✓

🎧 08-6

1 如果有时间的话，来看我的演出吧。
만약 시간이 되면 제 공연을 보러 와요.

如果没有其他事情的话，我就去。　　만약 다른 일이 없으면 갈게요.
如果你喜欢的话，我就给你买。　　　만약 당신이 좋아하면 사줄게요.
如果明天下雨的话，你就别去了。　　만약 내일 비가 오면 가지 말아요.

2 我以为他是普通学生，原来是天才。
그가 보통 학생인 줄 알았는데, 알고 보니 천재예요.

我以为她是男的，原来是女的。　　그녀가 남자인 줄 알았는데, 알고 보니 여자예요.
我以为它是小狗，原来是小猫。　　그것이 강아지인 줄 알았는데, 알고 보니 고양이예요.
我以为他是弟弟，原来是哥哥。　　그가 동생인 줄 알았는데, 알고 보니 형이에요.

3 我喜欢爵士或者古典音乐。　저는 재즈나 클래식을 좋아해요.

我要喝咖啡或者茶。　　　　　　　저는 커피나 차를 마실래요.
我坐公交车或者地铁。　　　　　　저는 버스나 전철을 타요.
我周末在家休息或者看电影。　　　저는 주말에 집에서 쉬거나 영화를 봐요.

休息 xiūxi 동 쉬다, 휴식하다

4 因为朋友叫我去看，所以我就去了。
친구가 가서 보자고 해서 갔어요.

因为她感冒了，所以没来。　　　　　그녀는 감기에 걸려서 오지 못했어요.
因为路上堵车，所以他迟到了。　　　길에 차가 막혀서 그는 지각했어요.
因为天气不好，所以飞机晚点了。　　날씨가 좋지 않아서 비행기가 연착했어요.

晚点 wǎndiǎn 동 연착하다

학습 Check

1 빈칸에 알맞은 한자와 한어병음을 적으세요.

① 주말 _____   ② ~할 계획이다 _____

③ 일, 사건 _____   ④ ~이 되다 _____

⑤ 알고 보니, 원래 _____   ⑥ 유명하다 _____

2 그림에 어울리는 문장을 찾으세요.

Ⓐ

① 周末我打算去逛街。
② 周末我打算看一部电影。
③ 周末我打算参加足球比赛。

参加 cānjiā 동 참가하다

Ⓑ

① 我认为她会成为著名的厨师。
② 我认为她会成为著名的歌手。
③ 我认为她会成为著名的医生。

Ⓒ

① 因为天气不好，所以我不去了。
② 因为我感冒了，所以不想出去。
③ 因为我没有时间，所以不能参加。

出去 chūqù 동 (밖으로) 나가다

학습 Check ✓

3 대화를 보고 질문에 알맞은 답을 고르세요.

Ⓐ A는 누구를 소개하고 있나요?
　A：我给你介绍一下，这是我妈妈。
　B：我以为她是你姐姐，原来是你妈妈。
　① 妈妈　　② 姐姐　　③ 妹妹

Ⓑ B는 주말에 무엇을 하나요?
　A：你周末做什么？
　B：我周末在家休息或者看电影。
　① 休息　　② 看电视　　③ 参加比赛

Ⓒ '그'는 왜 아직 오지 않았나요?
　A：他为什么不来？
　B：因为路上堵车，所以他还没到。
　① 他感冒了　② 路上堵车　③ 天气不好

4 제시된 단어를 알맞게 배열하여 문장을 완성하세요.

① 棒 / 很 / 真的 / 演出 / 今天的
_____

② 你 / 不 / 摇滚 / 喜欢 / 我以为
_____

③ 我 / 或者 / 爵士 / 要听 / 古典音乐
_____

CHINESE epilogue #06

> ### 줄임말 표현
>
> "칭화대학(清华大学)은
> 칭따(清大)가 아니라, 그냥 칭화(清华)!"

언어도 경제성을 추구하기 때문에 긴 것을 줄이거나 다른 것을 비슷하게 하거나 혹은 유사한 것들을 합치려는 경향이 있다. 중국어도 마찬가지이다. 유행어나 신조어가 아닌 공식적으로 신문이나 방송 매체에서 사용하는 줄임말 표현은 일상 회화나 각종 미디어, 광고 등에 자주 등장한다. 대표적인 예로, '환경보호'를 뜻하는 环境保护 huánjìng bǎohù를 环保 huánbǎo로, '고속열차'를 뜻하는 高速铁路 gāosù tiělù를 高铁 gāotiě로 더 많이 사용한다. 줄임말을 만드는 데에는 몇 가지 원칙이 있다. 가장 중요한 원칙은 줄임말 표현이 이미 있는 표현과 겹치면 안 된다는 점이다. 이 원칙 아래 단어 속에서 낱글자를 추출하는 방법, 각 어절의 단어를 추출하는 방법, 동일한 성분을 공유하는 방법, 숫자로 그 특징을 개괄하는 방법 등이 있다. 중국의 최고 명문대학인 베이징대학도 北京大学 Běijīng Dàxué를 北大 Běi Dà로 부른다. 반면, 베이징대학과 쌍벽을 이루는 명문대학인 칭화대학은 清华大学 Qīnghuá Dàxué를 清大 Qīng Dà 라고 부르지 않는다. 그냥 清华 Qīnghuá라고 부른다. 이것은 하나의 어절만을 그대로 추출한 방식이다.

09

만만한 복습

07과 ~ 08과

- 표현 Review
- 긴 회화 Dialogue

학습목표 7과, 8과의 회화 표현을 긴 회화로 학습합니다.

표현 Review

07과

1. 6시부터 7시까지 퇴근 피크 타임이에요.
   ➡ 从六点到七点是下班高峰期。
   Cóng liù diǎn dào qī diǎn shì xiàbān gāofēngqī.

2. 고속열차를 타본 적 있어요?
   ➡ 你坐过高铁吗? Nǐ zuòguo gāotiě ma?

3. 고속열차가 일반열차보다 두 배 빨라요.
   ➡ 高铁比普通火车快两倍。 Gāotiě bǐ pǔtōng huǒchē kuài liǎng bèi.

4. 가격은 이전에 사용하던 것과 비슷해요.
   ➡ 价钱跟以前用的差不多。 Jiàqián gēn yǐqián yòng de chàbuduō.

08과

1. 만약 시간이 되면 제 공연을 보러 와요.
   ➡ 如果有时间的话，来看我的演出吧。
   Rúguǒ yǒu shíjiān dehuà, lái kàn wǒ de yǎnchū ba.

2. 그가 그냥 보통 학생인 줄 알았어요.
   ➡ 我以为他只是普通学生。 Wǒ yǐwéi tā zhǐshì pǔtōng xuésheng.

3. 저는 재즈나 클래식을 좋아해요.
   ➡ 我喜欢爵士或者古典音乐。 Wǒ xǐhuan juéshì huòzhě gǔdiǎn yīnyuè.

4. 친구가 가서 보자고 해서 갔어요.
   ➡ 因为朋友叫我去看，所以我就去了。
   Yīnwèi péngyou jiào wǒ qù kàn, suǒyǐ wǒ jiù qù le.

긴 회화 Dialogue

A 你坐过高铁吗?
Nǐ zuòguo gāotiě ma?

B 上次去韩国旅行的时候坐过。
Shàngcì qù Hánguó lǚxíng de shíhou zuòguo.

A 听说，高铁比普通火车快两倍。
Tīngshuō, gāotiě bǐ pǔtōng huǒchē kuài liǎng bèi.

B 对。从首尔到釜山只需要两个半小时。
Duì. Cóng Shǒu'ěr dào Fǔshān zhǐ xūyào liǎng ge bàn xiǎoshí.

不过高铁票价比普通火车更贵。
Búguò gāotiě piàojià bǐ pǔtōng huǒchē gèng guì.

跟机票差不多。
Gēn jīpiào chàbuduō.

A 是吗? 网上订票会不会便宜?
Shì ma? Wǎngshàng dìng piào huì bu huì piányi?

B 我在网上订过票，
Wǒ zài wǎngshàng dìngguo piào,

跟去售票厅买票价格一样①。
gēn qù shòupiàotīng mǎi piào jiàgé yíyàng.

A 너 고속열차 타봤니?
B 지난번 한국에서 여행할 때 타봤어.
A 고속열차가 일반열차보다 두 배 빠르대.
B 맞아. 서울에서 부산까지 겨우 두 시간 반밖에 안 걸려. 하지만 고속열차 차비가 일반열차보다 훨씬 비싼 걸. 비행기 가격과 비슷해.
A 그래? 인터넷에서 예매하면 저렴하지 않을까?
B 내가 인터넷에서 예매해봤는데, 매표소에 가서 사는 것과 가격이 똑같아.

단어 机票 jīpiào 명 비행기표 | 网上 wǎngshàng 명 온라인, 인터넷 | 订 dìng 동 예약하다, 예매하다 | 票 piào 명 표, 티켓 | 售票厅 shòupiàotīng 명 매표소 | 价格 jiàgé 명 가격 | 一样 yíyàng 형 똑같다, 동일하다

표현 TIP ①「跟⋯⋯一样」은 '~과 똑같다'라는 의미이며, 부정형은 「跟⋯⋯不一样」이라고 표현한다.

✓ 학습 Check 1

1 우리말 문장을 중국어로 적으세요.

① 당신은 고속열차를 타본 적이 있어요?
_____

② 지난번 한국을 여행할 때 타봤어요.
_____

③ 고속열차가 일반열차보다 두 배 빨라요.
_____

④ 표 가격이 비행기표와 비슷해요.
_____

2 빈칸에 알맞은 대화를 넣어 말해보세요.

① A 你坐过飞机吗?

　B _____ (Wǒ méi zuòguo fēijī.)

② A 从首尔到釜山需要多长时间?

　B _____
　(Cóng Shǒu'ěr dào Fǔshān zhǐ xūyào liǎng ge bàn xiǎoshí.)

③ A 高铁票价贵吗?

　B _____ (Gāotiě piàojià bǐ pǔtōng huǒchē gèng guì.)

④ A 网上订票会不会便宜?

　B _____ (Gēn qù shòupiàotīng mǎi piào jiàgé yíyàng.)

긴 회화 Dialogue

A 最近有什么好听的歌？你给我推荐一下。
   Zuìjìn yǒu shénme hǎotīng de gē? Nǐ gěi wǒ tuījiàn yíxià.

B 你喜欢什么样的音乐？
   Nǐ xǐhuan shénmeyàng de yīnyuè?

A 流行歌或者英文歌都喜欢。
   Liúxínggē huòzhě yīngwéngē dōu xǐhuan.

B 好吧。对了①，周末你有什么打算？
   Hǎo ba. Duì le, zhōumò nǐ yǒu shénme dǎsuàn?

A 周末我还没有打算。怎么了？
   Zhōumò wǒ hái méiyǒu dǎsuàn. Zěnme le?

B 如果有时间的话，一起去看演唱会吧。
   Rúguǒ yǒu shíjiān dehuà, yìqǐ qù kàn yǎnchànghuì ba.

A 好！你经常去看演唱会吗？
   Hǎo! Nǐ jīngcháng qù kàn yǎnchànghuì ma?

B 是，因为我很喜欢演唱会的气氛，
   Shì, yīnwèi wǒ hěn xǐhuan yǎnchànghuì de qìfēn,
   所以经常跟朋友一起去热闹热闹②。
   suǒyǐ jīngcháng gēn péngyou yìqǐ qù rènao rènao.

A 요즘 듣기 좋은 노래가 어떤 게 있니? 추천 좀 해줘.
B 어떤 음악을 좋아하는데?
A 대중가요나 팝송이나 다 좋아.
B 알았어. 참, 주말에 무슨 계획 있니?
A 주말에 아직 계획 없어. 왜?
B 만약 시간이 되면 같이 콘서트 보러 가자.
A 좋아! 넌 자주 콘서트 보러 가니?
B 응. 콘서트의 분위기를 좋아해서 자주 친구들과 가서 신나게 즐겨.

단어
好听 hǎotīng 형 듣기 좋다 | 歌 gē 명 노래 | 推荐 tuījiàn 동 추천하다 | 流行歌 liúxínggē 명 대중가요, 유행가요 | 英文歌 yīngwéngē 명 팝송 | 对了 duì le 감 맞아!, 아침! | 演唱会 yǎnchànghuì 명 콘서트 | 经常 jīngcháng 부 자주, 종종

표현 TIP
① 对了는 갑자기 뭔가 생각났을 때나 새로운 화제를 꺼낼 때 쓰는 표현으로 '참', '맞다'의 의미이다.
② 热闹热闹는 동사의 반복으로 어감을 가볍게 하거나 강조를 나타낸다.

✓ 학습 Check 2

1 우리말 문장을 중국어로 적으세요.

① 저에게 추천 좀 해주세요.
_____

② 중국 노래나 한국 노래 모두 좋아해요.
_____

③ 만약 시간이 되면 같이 콘서트 보러 가요.
_____

④ 콘서트의 분위기를 좋아하기 때문에 그래서 자주 가요.
_____

2 빈칸에 알맞은 대화를 넣어 말해보세요.

① A 你喜欢什么样的音乐?

　B _____ (Liúxínggē huòzhě yīngwéngē dōu xǐhuan.)

② A 周末你有什么打算?

　B _____ (Zhōumò wǒ hái méiyǒu dǎsuàn.)

③ A 我们一起去看演唱会吧。

　B _____ (Rúguǒ méiyǒu qítā shìqing, wǒ jiù qù.)

④ A 你经常去看演唱会吗?

　B _____
　　(Shì, jīngcháng gēn péngyou yìqǐ qù rènao rènao.)

10

옷과 가방은 여기에 두세요.

你把衣服和包放在这儿吧。

Nǐ bǎ yīfu hé bāo fàng zài zhèr ba.

학습목표

음식점에서의 대화와 **把**의 활용법을 학습합니다.

단어 Check ✓

🎧 10-1

- 预订 yùdìng 동 예약하다, 예매하다
- 桌位 zhuōwèi 명 테이블, 자리
- 不好意思 bù hǎo yìsi 죄송하다, 미안하다
- 满席 mǎnxí 동 좌석이 꽉 차다
- 后天 hòutiān 명 모레
- 告诉 gàosu 동 알려주다, 말하다
- 姓名 xìngmíng 명 이름
- 联系 liánxì 동 연락하다
- 方式 fāngshì 명 방법

- 欢迎 huānyíng 동 환영하다
- 光临 guānglín 동 찾아오다, 오다
- 把 bǎ 전 ~을(를)
- 包 bāo 명 가방
- 放 fàng 동 놓다
- 菜单 càidān 명 메뉴판
- 先 xiān 부 먼저, 우선
- 然后 ránhòu 접 그 다음에
- 点菜 diǎncài 동 음식을 주문하다

- 点 diǎn 동 주문하다
- 凉菜 liángcài 명 차게 먹는 요리, 냉채 (에피타이저)
- 素菜 sùcài 명 야채 요리
- 荤菜 hūncài 명 고기나 생선 요리
- 主意 zhǔyi 명 생각, 의견, 아이디어
- 饮料 yǐnliào 명 음료
- 啤酒 píjiǔ 명 맥주
- 给 gěi 동 ~에게 주다, 주다

- 服务员 fúwùyuán 명 종업원, 점원
- 还 hái 부 또, 더, 게다가
- 剩下 shèngxià 동 남다, 남기다
- 打包 dǎbāo 동 포장하다, 싸다
- 稍 shāo 부 잠깐, 잠시, 좀
- 送 sòng 동 주다, 선물하다
- 优惠券 yōuhuìquàn 명 우대권, 쿠폰
- 免费 miǎnfèi 동 돈을 받지 않다, 무료로 하다

회화 Dialogue

 밍밍이 식당에 전화를 걸어 테이블을 예약한다.

明明　喂? 我要预订桌位。
　　　Wéi? Wǒ yào yùdìng zhuōwèi.

　　　明天晚上六点，四个人。
　　　Míngtiān wǎnshang liù diǎn, sì ge rén.

服务员　不好意思。① 明天晚上没有桌位，
　　　　Bù hǎo yìsi. Míngtiān wǎnshang méiyǒu zhuōwèi,

　　　　已经满席了。
　　　　yǐjīng mǎnxí le.

明明　是吗? 那么，后天呢?
　　　Shì ma? Nàme, hòutiān ne?

服务员　后天可以。
　　　　Hòutiān kěyǐ.

　　　　请告诉我您的姓名和联系方式②。
　　　　Qǐng gàosu wǒ nín de xìngmíng hé liánxì fāngshì.

밍밍 여보세요? 테이블을 예약하려고요.
　　　내일 저녁 6시, 네 사람이요.
점원 죄송합니다. 내일 저녁에는 자리가
　　　없어요. 만석이에요.
밍밍 그래요? 그럼 모레는요?
점원 모레는 가능해요.
　　　이름과 연락처를 알려주세요.

표현 TIP

① **不好意思**는 '죄송합니다', '미안합니다' 등의 뜻으로 주로 난처한 상황에서 사용한다.
② **联系方式**는 '연락처', '연락 방법'이라는 뜻으로 전화번호나 휴대전화번호, 이메일 등 연락을 취할 수 있는 수단을 가리킨다.

 밍밍과 친구들이 예약한 식당에 도착해서 종업원의 안내를 받는다.

服务员　欢迎光临！①
　　　　Huānyíng guānglín!

明明　　我们预订了桌位。
　　　　Wǒmen yùdìng le zhuōwèi.

（잠시 후）

服务员　你们把衣服和包放在这儿吧。
　　　　Nǐmen bǎ yīfu hé bāo fàngzài zhèr ba.

　　　　这是菜单。
　　　　Zhè shì càidān.

明明　　好，先看一下菜单，
　　　　Hǎo, xiān kàn yíxià càidān,

　　　　然后再点菜，行吗？
　　　　ránhòu zài diǎncài, xíng ma?

服务员　行。
　　　　Xíng.

점원　어서 오세요!
밍밍　저희는 테이블을 예약했어요.
　　　（잠시 후）
점원　옷과 가방은 여기에 두세요.
　　　메뉴판입니다.
밍밍　알겠어요. 먼저 메뉴판을 좀 본 후에
　　　다시 주문할게요. 괜찮죠?
점원　그럼요.

① 欢迎光临은 '환영합니다'라는 뜻으로 식당이나 상점에서 고객에게 자주 사용하는 표현이다.

회화 Dialogue

밍밍과 친구들이 음식을 주문하기 위해 메뉴판을 보며 이야기한다.

明明　我们先点一个凉菜，
　　　Wǒmen xiān diǎn yí ge liángcài,

　　　一个素菜，两个荤菜吧。①
　　　yí ge sùcài, liǎng ge hūncài ba.

安娜　好主意！② 饮料呢？
　　　Hǎo zhǔyi! Yǐnliào ne?

明明　喝啤酒怎么样？
　　　Hē píjiǔ zěnmeyàng?

安娜　好！你把菜单给我，
　　　Hǎo! Nǐ bǎ càidān gěi wǒ,

　　　我看看有什么啤酒。
　　　wǒ kànkan yǒu shénme píjiǔ.

밍밍　우리 먼저 찬 음식 하나, 채소 요리 하나, 고기 요리 두 개 시키자.
안나　좋은 생각이야! 음료는?
밍밍　맥주 마시는 게 어때?
안나　좋아! 메뉴판 좀 줘. 내가 어떤 맥주가 있는지 볼게.

표현 TIP

① 중국 음식은 보통 냉채(에피타이저와 같은 간단한 차가운 요리)와 채소 요리, 고기 요리, 탕, 밥 등으로 분류한다.
② 好主意는 '좋은 생각이야'라는 뜻으로 상대방의 의견이나 생각에 강한 긍정이나 동의를 나타낸다.

 식사를 마친 밍밍 일행은 기분좋게 식당을 나온다.

明明　服务员，结账！①
　　　Fúwùyuán, jiézhàng!

　　　我们还要把剩下的菜打包一下。
　　　Wǒmen hái yào bǎ shèngxià de cài dǎbāo yíxià.

服务员　好。请稍等。
　　　　Hǎo. Qǐng shāo děng.

　　　（잠시 후）

服务员　这是送给你的优惠券。
　　　　Zhè shì sònggěi nǐ de yōuhuìquàn.

　　　　可以免费喝饮料。欢迎下次再来！
　　　　Kěyǐ miǎnfèi hē yǐnliào. Huānyíng xiàcì zài lái!

明明　谢谢。
　　　Xièxie.

밍밍 종업원, 계산할게요!
　　　남은 음식도 포장하려고 해요.
점원 네. 잠시 기다리세요.
　　　（잠시 후）
점원 이건 손님께 드리는 쿠폰이에요.
　　　무료로 음료를 마실 수 있어요.
　　　다음에 또 오세요!
밍밍 감사합니다.

 표현 TIP

① 물건을 사거나 식당에서 계산할 때, '계산할게요'라는 의미로 结账이나 买单 mǎidān이라고 말한다.

표현 Check ✓

1. 请告诉我您的姓名和联系方式。
저에게 당신의 이름과 연락처를 알려주세요.

告诉는 '~에게 ~을 알려주다'라는 뜻으로 뒤에 알려주는 대상과 알려주는 내용, 두 개의 목적어가 온다.

A 你告诉我他的电话号码。 그의 전화번호를 나에게 알려줘.
Nǐ gàosu wǒ tā de diànhuà hàomǎ.

B 我不知道他的电话号码。 나는 그의 전화번호를 몰라.
Wǒ bù zhīdào tā de diànhuà hàomǎ.

电话 diànhuà 명 전화 │ 号码 hàomǎ 명 번호

2. 你们把衣服和包放在这儿吧。 옷과 가방은 여기에 두세요.

把구문은 목적어와 목적어에 대한 행위, 처치 등을 강조할 때 사용한다. 「주어＋把＋목적어＋동사＋부가성분」의 형태로 쓰인다.

A 你把餐厅的地址告诉我吧。 음식점 주소를 나에게 알려줘.
Nǐ bǎ cāntīng de dìzhǐ gàosu wǒ ba.

B 好，等一下。 알았어. 잠깐만 기다려.
Hǎo, děng yíxià.

餐厅 cāntīng 명 음식점, 레스토랑 │ 地址 dìzhǐ 명 주소

3. 先看一下菜单，然后再点菜。
먼저 메뉴판을 좀 본 후에 다시 주문할게요.

「先A然后B」는 '먼저 A를 하고, 그런 후에 다시 B하다'라는 뜻으로 어떤 행위를 한 후에 이어서 다른 행위를 하는 것을 의미한다. 然后 뒤에는 再가 습관적으로 붙는다.

A 我们先看电影，然后再吃饭吧。 영화를 먼저 본 후에 다시 식사를 하자.
Wǒmen xiān kàn diànyǐng, ránhòu zài chīfàn ba.

B 好主意！ 좋은 생각이야!
Hǎo zhǔyi!

4 **这是送给你的优惠券。** 이건 당신에게 주는 쿠폰이에요.

送은 '주다', '선물하다'의 뜻이고, 给는 '~에게'라는 뜻으로 送给가 함께 쓰여 '~에게 주다', '~에게 선물하다'라는 의미이다.

A 这是送给你的花和礼物。 이건 너에게 주는 꽃과 선물이야.
Zhè shì sònggěi nǐ de huā hé lǐwù.

B 谢谢！ 고마워!
Xièxie!

花 huā 명 꽃 | 礼物 lǐwù 명 선물

단어 TIP 전화 관련 표현

단어	병음	뜻
打电话	dǎ diànhuà	전화를 걸다
接电话	jiē diànhuà	전화를 받다
回电话	huí diànhuà	회신하다

단어	병음	뜻
占线	zhànxiàn	통화 중이다
开机	kāijī	전원을 켜다
关机	guānjī	전원을 끄다

단어 TIP 음식점 식기

단어	병음	뜻
筷子	kuàizi	젓가락
勺子	sháozi	숟가락
叉子	chāzi	포크
餐刀	cāndāo	나이프
汤勺	tāngsháo	국자

단어	병음	뜻
碟子	diézi	접시
碗	wǎn	공기, 그릇
杯子	bēizi	컵
餐巾纸	cānjīnzhǐ	냅킨
湿巾	shījīn	물티슈

패턴 Check ✓

🎧 10-6

1 请**告诉**我你的姓名。 당신의 이름을 알려주세요.

请**告诉**我你的地址。	당신의 주소를 알려주세요.
请**告诉**我你的密码。	당신의 비밀번호를 알려주세요.
请**告诉**我你的电话号码。	당신의 전화번호를 알려주세요.

密码 mìmǎ 명 비밀번호

2 你**把**衣服和包放在这儿吧。 옷과 가방은 여기에 두세요.

你**把**雨伞拿过来吧。	우산을 가져오세요.
你**把**菜单给我一下。	메뉴판을 저에게 주세요.
你**把**剩下的菜打包一下。	남은 음식을 포장해주세요.

拿 ná 동 가지다

3 **先**看一下菜单，**然后**再点菜。
먼저 메뉴판을 좀 본 후에 다시 주문할게요.

我们**先**吃饭，**然后**再说吧。	우리 먼저 식사한 후에 다시 이야기해요.
你**先**做作业，**然后**再看电视。	먼저 숙제를 한 후에 다시 TV를 봐라.
她**先**去中国，**然后**再去日本。	그녀는 먼저 중국에 간 후에 다시 일본에 가요.

4 这是**送给**你的优惠券。 이건 당신에게 주는 쿠폰이에요.

这是**送给**你的花。	이건 당신에게 주는 꽃이에요.
这是**送给**你的礼物。	이건 당신에게 주는 선물이에요.
这是**送给**你的东西。	이건 당신에게 주는 물건이에요.

학습 Check ✓

1 빈칸에 알맞은 한자와 한어병음을 적으세요.

① 예약하다 _____   ② 환영하다 _____

③ 메뉴판 _____   ④ 음식을 주문하다 _____

⑤ 음료 _____   ⑥ 포장하다 _____

2 그림에 어울리는 문장을 찾으세요.

① 请告诉我你的密码。
② 请告诉我你的地址。
③ 请告诉我你的手机号码。

① 你把雨伞拿过来吧。
② 你把衣服放在这儿吧。
③ 你把你的手机给我一下。

① 这是送给你的花。
② 这是送给你的礼物。
③ 这是送给你的优惠卷。

학습 Check ✓

3 대화를 보고 질문에 알맞은 답을 고르세요.

Ⓐ B의 말은 어떤 의미인가요?
A：我要预订桌位，今天晚上，三个人。
B：不好意思。今天已经满席了。
① 没有桌位　② 可以预订　③ 今天不开门

开门 kāimén 동 문을 열다, 영업하다

Ⓑ 红烧肉는 어떤 요리에 해당할까요?
A：我们先点一个红烧肉、一个汤、一个炒饭吧。
B：好主意。
① 凉菜　② 素菜　③ 荤菜

Ⓒ A는 무엇을 하고 있나요?
A：服务员，我要买单。
B：请稍等。
① 点菜　② 结账　③ 预订

4 제시된 단어를 알맞게 배열하여 문장을 완성하세요.

① 我 / 请 / 告诉 / 姓名 / 您的
_____

② 有 / 我 / 饮料 / 什么 / 看看
_____

③ 把 / 菜 / 一下 / 我要 / 打包 / 剩下的
_____

CHINESE epilogue #07

> **양꼬치와 칭다오맥주**
>
> "양꼬치엔 칭다오!"

어느 코미디언이 유행시킨 '양꼬치엔 칭다오'라는 표현은 이제는 관용어처럼, 혹은 '치맥'과 같이 '양꼬치를 먹을 때는 칭다오 맥주를 함께 마신다'는 일종의 공식처럼 강한 인상을 남겼다. '양꼬치엔 칭다오'의 양꼬치와 칭다오맥주에 대해 말하자면, 우선 '양꼬치'는 말 그대로 양고기를 쇠꼬치에 꿴 직화구이 요리로, 중국어로 羊肉串儿 yángròuchuànr이라고 한다. 양꼬치는 중국 어디에서나 흔히 먹을 수 있는 음식이지만, 원래는 중국 한족(汉族)의 음식이 아니라, 양을 방목하는 소수민족의 음식이다. 지금은 한국에서도 적지 않은 양꼬치 음식점을 볼 수 있다. '칭다오(青岛 Qīngdǎo)'는 중국 산둥성(山东省)의 도시 이름이다. 1897년부터 1914년까지 독일의 조차지였고, 그때 만들어진 맥주가 이후로도 계속 생산되어 중국에서 가장 유명한 맥주 상표가 되었다. 매년 8월 칭다오에서는 맥주 축제가 열리며, 우리나라에서도 수요가 급증하는 인기를 얻었다. 만약 중국에 가서 양꼬치와 칭다오맥주를 먹고 싶다면, "羊肉串儿和青岛啤酒!"라고 주문해보자.

11

나 차인 것 같아.

我好像被甩了。
Wǒ hǎoxiàng bèi shuǎi le.

학습목표

가까운 미래 표현과 被의 활용법을 학습합니다.

단어 Check ✓

🎧 11-1

- 怎么办 zěnme bàn 어떡해
- 好像 hǎoxiàng 부 마치 ~과 같다
- 被 bèi 동 ~에게 ~를 당하다
- 甩 shuǎi 동 휘두르다, 내젓다, (연인 관계에서) 차다
- 男朋友 nán péngyou 명 남자친구
- 吵架 chǎojià 동 말다툼하다, 다투다
- 社交软件 shèjiāo ruǎnjiàn 명 SNS
- (在…)上 (zài…)shang 명 ~상에서
- 拉黑 lāhēi 동 (수신을) 차단하다, 거부하다
- 冷静 lěngjìng 형 침착하다, 냉정하다

- 快要…了 kuàiyào…le 곧 ~하다
- 放假 fàngjià 동 방학하다
- 分手 fēnshǒu 동 헤어지다, 이별하다
- 和好 héhǎo 동 화해하다
- 应该 yīnggāi 동 ~해야 한다, ~하는 것이 마땅하다

- 快…了 kuài…le 곧 ~하다
- 回 huí 동 되돌리다, 돌아가다
- 下周 xiàzhōu 명 다음 주
- 回去 huíqù 동 되돌아가다
- 微信 Wēixìn 명 위챗(중국의 채팅 앱)
- 保持 bǎochí 동 유지하다, 견지하다
- 用户名 yònghùmíng 명 아이디(ID)
- 加 jiā 동 추가하다
- 后 hòu 명 (시간·순서·방위의) 후, 뒤
- 写 xiě 동 (글, 음악 등을) 짓다, 쓰다, 창작하다
- 发 fā 동 보내다, 전송하다

- 搜索 sōusuǒ 동 (인터넷에) 검색하다
- 应用程序 yìngyòng chéngxù 명 애플리케이션(앱)
- 下载 xiàzài 동 다운로드하다
- 一边…一边… yìbiān…yìbiān… ~하면서 ~하다
- 进行 jìnxíng 동 (어떤 일을) 진행하다
- 网络 wǎngluò 명 인터넷
- 传送 chuánsòng 동 전송하다, 보내다
- 网页 wǎngyè 명 웹페이지
- 有用 yǒuyòng 동 쓸모가 있다, 유용하다
- 越来越 yuèláiyuè 점점, 갈수록 ~하다

회화 Dialogue

🎧 11-2

 남자친구와 다투고 속상해하는 민지를 리리가 위로한다.

敏智　怎么办? 我好像被甩了①。
　　　Zěnme bàn? Wǒ hǎoxiàng bèi shuǎi le.

丽丽　怎么了? 你不是说要跟男朋友
　　　Zěnme le? Nǐ bú shì shuō yào gēn nán péngyou

　　　一起去旅行吗?
　　　yìqǐ qù lǚxíng ma?

敏智　昨天我们吵架了。
　　　Zuótiān wǒmen chǎojià le.

　　　他好像在社交软件上把我拉黑②了。
　　　Tā hǎoxiàng zài shèjiāo ruǎnjiàn shang bǎ wǒ lāhēi le.

丽丽　你先冷静一下。
　　　Nǐ xiān lěngjìng yíxià.

민지　어떡하지? 나 차인 것 같아.
리리　왜? 남자친구랑 같이 여행을 간다고 하지 않았니?
민지　어제 다퉜는데, 그 애가 나를 SNS에서 차단한 것 같아.
리리　우선 좀 침착해.

표현 TIP

① 被甩了는 연인 관계에서 '차였다'라는 의미이다.
② 拉黑는 휴대전화, SNS 등에서 '수신 거부', '수신 차단'을 의미한다.

 며칠 후 민지는 남자친구와의 여행을 준비하며 리리와 대화를 나눈다.

丽丽 快要放假了①, 你打算做什么?
Kuàiyào fàngjià le, nǐ dǎsuàn zuò shénme?

敏智 我打算和男朋友去旅行。
Wǒ dǎsuàn hé nán péngyou qù lǚxíng.

丽丽 你不是说跟男朋友分手了吗?
Nǐ bú shì shuō gēn nán péngyou fēnshǒu le ma?

敏智 已经和好了。你说得对。
Yǐjīng héhǎo le. Nǐ shuō de duì.

我应该②冷静一点儿。
Wǒ yīnggāi lěngjìng yìdiǎnr.

리리 곧 방학인데, 뭐 할 계획이야?
민지 남자친구랑 여행을 갈 거야.
리리 남자친구랑 헤어졌다고 하지 않았어?
민지 이미 화해했어. 네 말이 맞아.
내가 좀 침착해야 했어.

① 「快要…了」는 '곧 ~하다'라는 뜻으로 가까운 미래에 일어날 일을 표현할 때 사용한다.
② 应该는 '~해야만 한다', '~하는 것이 마땅하다', '반드시(마땅히) ~할 것이다'라는 의미이다.

회화 Dialogue

🎧 11-4

 곧 방학을 맞아 한국으로 돌아가는 수현과 리리가 대화를 나눈다.

丽丽　快放假了①，你回韩国吗？
　　　Kuài fàngjià le, nǐ huí Hánguó ma?

秀贤　下周回去。我们可以用微信保持联系。
　　　Xiàzhōu huíqù. Wǒmen kěyǐ yòng Wēixìn bǎochí liánxì.

丽丽　告诉我你的微信用户名吧。
　　　Gàosu wǒ nǐ de Wēixìn yònghùmíng ba.

　　　我加你。
　　　Wǒ jiā nǐ.

秀贤　好的。回去后，
　　　Hǎo de. Huíqù hòu,

　　　我把我写的歌发给你。
　　　wǒ bǎ wǒ xiě de gē fāgěi nǐ.

리리　곧 방학인데, 한국에 돌아가니?
수현　다음 주에 돌아가.
　　　위챗으로 계속 연락할 수 있어.
리리　위챗 아이디를 알려줘. 널 추가할게.
수현　그래. 돌아가서 내가 만든 노래를 보내줄게.

> 표현 TIP
>
> ① 「快…了」는 '곧 ~이다'라는 뜻으로 「快要…了」와 같은 의미의 표현이다.

 밍밍이 안나에게 유용한 스마트폰 앱을 알려준다.

安娜 你在网上搜索什么呢?
Nǐ zài wǎngshàng sōusuǒ shénme ne?

明明 我告诉你一个好的应用程序①。
Wǒ gàosu nǐ yí ge hǎo de yìngyòng chéngxù.

你下载一下。
Nǐ xiàzài yíxià.

安娜 什么应用?
Shénme yìngyòng?

明明 可以一边进行网络搜索,
Kěyǐ yìbiān jìnxíng wǎngluò sōusuǒ,

一边传送网页。
yìbiān chuánsòng wǎngyè.

安娜 真方便!
Zhēn fāngbiàn!

有用的应用程序越来越②多了。
Yǒuyòng de yìngyòng chéngxù yuèláiyuè duō le.

안나 인터넷에서 뭐 검색하고 있니?
밍밍 내가 좋은 앱을 알려줄게.
이 앱을 다운로드해 봐.
안나 무슨 앱인데?
밍밍 인터넷 검색을 하면서 웹페이지를 전송할 수 있어.
안나 정말 편리하다! 유용한 앱이 점점 많아지네.

① 应用程序는 스마트폰의 애플리케이션을 가리키는 표현이다. 应用软件 yìngyòng ruǎnjiàn이라고도 하고, 간단히 줄여서 应用이라고도 한다.

② 越来越는 '점점', '갈수록'의 뜻으로 시간의 경과에 따라 정도가 더 심해지는 것을 나타낸다.

표현 Check ✓

1. 我好像被甩了。 저 차인 것 같아요.

어떤 일을 당했을 때 被를 사용한다.「대상＋被＋행위자＋동사구」의 형태로 쓰이며, 被 뒤의 행위자는 생략 가능하다.

A 怎么了？为什么哭？ 무슨 일이야? 왜 우니?
Zěnme le? Wèi shénme kū?

B 我的钱包被偷走了。 내 지갑을 도둑 맞았어.
Wǒ de qiánbāo bèi tōu zǒu le.

哭 kū 동 울다 | 钱包 qiánbāo 명 지갑 | 偷 tōu 동 훔치다, 도둑질하다

2. 你不是说要跟男朋友一起去旅行吗？
남자친구와 함께 여행을 간다고 하지 않았어요?

「不是说…吗?」는 '~라고 말하지 않았니?'라는 의미로 반문의 표현이다.

A 我不去了。 난 안 갈래.
Wǒ bú qù le.

B 你不是说陪我一起去吗？ 나와 함께 가준다고 하지 않았어?
Nǐ bú shì shuō péi wǒ yìqǐ qù ma?

3. 快要放假了。 곧 방학이에요.

「快要…了」는 '곧 ~이다'라는 의미로 가까운 미래에 일어나거나 발생하는 일을 나타내는 표현이다.「就要…了」,「快…了」도 같은 의미의 표현이다.

A 快要到周末了。你打算做什么？ 곧 주말인데, 뭐 할 거니?
Kuàiyào dào zhōumò le. Nǐ dǎsuàn zuò shénme?

B 我要在家休息。 난 집에서 쉴 거야.
Wǒ yào zài jiā xiūxi.

可以一边进行网络搜索，一边传送网页。
인터넷 검색을 하면서 웹페이지를 전송할 수 있어요.

「一边…一边…」 구문은 '~하면서 ~하다'라는 의미로 두 가지 행위가 동시에 발생하는 것을 나타낸다.

A 我喜欢一边听音乐，一边看书。 난 음악을 들으면서 책 보는 것을 좋아해.
　Wǒ xǐhuan yìbiān tīng yīnyuè, yìbiān kànshū.

B 我也是。 나도 그래.
　Wǒ yě shì.

 스마트폰 관련 표현

단어	병음	뜻	단어	병음	뜻
无线上网 (Wi-fi)	wúxiàn shàngwǎng	와이파이	应用程序	yìngyòng chéngxù	애플리케이션
流量	liúliàng	데이터	下载	xiàzài	다운로드
蓝牙	lányá	블루투스	安装	ānzhuāng	설치
充电器	chōngdiànqì	충전기	更新	gēngxīn	업데이트
电池	diànchí	배터리	登录	dēnglù	로그인

패턴 Check ✓

🎧 11-6

1 我好像被甩了。 저 차인 것 같아요.

孩子被妈妈骂了。 아이가 엄마에게 야단맞았어요.
我的钱包被偷走了。 내 지갑을 도둑 맞았어요.
那本书已经被借走了。 그 책은 이미 빌려갔어요.

骂 mà 동 꾸짖다 | 借 jiè 동 빌리다

2 你不是说要跟朋友去旅行吗? 친구와 여행을 간다고 하지 않았어요?

你不是说你很忙吗? 매우 바쁘다고 하지 않았어요?
你不是说已经分手了吗? 이미 헤어졌다고 하지 않았어요?
你不是说陪我一起去吗? 나와 함께 가준다고 하지 않았어요?

3 快要放假了。 곧 방학이에요.

快下班了，一起回家吧。 곧 퇴근인데, 같이 집에 가요.
快要毕业了，你打算做什么? 곧 졸업인데, 무엇을 할 계획이에요?
就要到假期了，你要去旅行吗? 곧 방학인데, 여행을 갈 건가요?

回家 huíjiā 동 집으로 돌아가다 | 毕业 bìyè 동 졸업하다

4 可以一边搜索，一边传送。 검색을 하면서 전송할 수 있어요.

他一边看电视，一边吃饭。 그는 TV를 보면서 식사를 해요.
她们一边喝咖啡，一边聊天儿。 그녀들은 커피를 마시면서 이야기를 나눠요.
我喜欢一边听音乐，一边看书。 저는 음악을 들으면서 책 보는 것을 좋아해요.

聊天(儿) liáotiān(r) 동 이야기를 나누다

학습 Check ✓

1 빈칸에 알맞은 한자와 한어병음을 적으세요.

① 말다툼하다 _____   ② 침착하다 _____

③ 헤어지다 _____   ④ 화해하다 _____

⑤ 검색하다 _____   ⑥ 다운로드하다 _____

2 그림에 어울리는 문장을 찾으세요.

① 那本书被人买走了。
② 那本书被人偷走了。
③ 那本书被人借走了。

① 快下班了。
② 快要毕业了。
③ 就要放假了。

① 你不应该迟到。
② 你不应该跟他分手。
③ 你不应该跟妈妈吵架。

학습 Check ✓

3 대화를 보고 질문에 알맞은 답을 고르세요.

Ⓐ 다음 중 옳은 것은 무엇인가요?

A: 已经九点了。那个餐厅几点关门?
B: 九点半关门。

① 餐厅已经关门了　　② 餐厅快要关门了　　③ 现在已经九点半了

关门 guānmén 동 문을 닫다, 영업을 마치다

Ⓑ A는 방학에 무엇을 할 계획인가요?

A: 我打算去旅行。
B: 你不是说放假要打工吗?

① 要打工　　② 打算去旅行　　③ 一边学习，一边打工

打工 dǎgōng 동 아르바이트를 하다, 일하다

Ⓒ B는 지금 무엇을 하고 있나요?

A: 你在干什么呢?
B: 我在一边网络搜索一边听音乐呢。
A: 你应该先做作业。

① 搜索　　② 下载　　③ 聊天儿

4 제시된 단어를 알맞게 배열하여 문장을 완성하세요.

① 他 / 把我 / 好像 / 拉黑了

_____

② 你 / 冷静 / 应该 / 一点儿

_____

③ 多了 / 有用的 / 越来越 / 应用程序

_____

CHINESE epilogue #08

> 인터넷 언어
> "우린 숫자로 말해요!"

인터넷과 사회 관계망 서비스(SNS)가 발달하면서 언어에도 많은 변화가 찾아왔다. 전세계적으로 뉴미디어를 중심으로 독특한 표현들이 새롭게 생겨나고 있는 오늘날, 중국의 젊은 세대들 사이에서도 SNS 용어들이 빈번하게 사용되고 있다. 특히, 컴퓨터로 한어병음을 치면 유사한 발음의 한자가 동시에 보여지는 중국어 입력 방식으로 인해 인터넷에는 많은 신조어가 등장했다. '홈페이지'[主页 zhǔyè]를 '죽엽'[竹叶 zhúyè], '이메일'[邮箱 yóuxiāng]을 '그윽한 향기'[幽香 yōuxiāng], '과찬입니다'[过奖 guòjiǎng]라는 표현은 '과일 잼'[果酱 guǒjiàng]이라고 쓴다. 뿐만 아니라, 간단하게 숫자를 써서 자기 뜻을 표현하는 경우도 적지 않다. '56'[五六 wǔ liù]는 '심심해'[无聊 wúliáo], '596'[五九六 wǔ jiǔ liù]는 '나 간다'[我走了 wǒ zǒu le], '886'[八八六 bā bā liù]는 '안녕!'[拜拜喽 bàibài lou], '5376'[五三七六 wǔ sān qī liù]는 '나 화났어'[我生气了 wǒ shēngqì le], '9494'[九四九四 jiǔ sì jiǔ sì]는 '그러게 말이야'[就是就是 jiù shì jiù shì]라는 문장을 나타낸다. 이런 방식은 연상되는 발음의 숫자를 활용하여 표현하는 것으로, 심지어 이런 식의 숫자 배열로 한 문단 이상의 글을 쓰기도 한다. 인터넷 뉴미디어 시대를 맞아 한자 표현과 중국어에 나타나는 흥미로운 변화들이다.

12

만만한 복습

10과 ~ 11과

- 표현 Review
- 긴 회화 Dialogue

학습목표 10과, 11과의 회화 표현을 긴 회화로 학습합니다.

표현 Review

10과

1. 저에게 당신의 이름과 연락처를 알려주세요.
   ➡ 请告诉我您的姓名和联系方式。
   Qǐng gàosu wǒ nín de xìngmíng hé liánxì fāngshì.

2. 옷과 가방은 여기에 두세요.
   ➡ 你们把衣服和包放在这儿吧。 Nǐmen bǎ yīfu hé bāo fàngzài zhèr ba.

3. 먼저 메뉴판을 좀 본 후에 다시 주문할게요.
   ➡ 先看一下菜单，然后再点菜。
   Xiān kàn yíxià càidān, ránhòu zài diǎncài.

4. 이건 당신에게 주는 쿠폰이에요.
   ➡ 这是送给你的优惠券。 Zhè shì sònggěi nǐ de yōuhuìquàn.

11과

1. 저 차인 것 같아요.
   ➡ 我好像被甩了。 Wǒ hǎoxiàng bèi shuǎi le.

2. 남자친구와 함께 여행을 간다고 하지 않았어요?
   ➡ 你不是说要跟男朋友一起去旅行吗？
   Nǐ bú shì shuō yào gēn nán péngyou yìqǐ qù lǚxíng ma?

3. 곧 방학이에요.
   ➡ 快要放假了。 Kuàiyào fàngjià le.

4. 인터넷 검색을 하면서 웹페이지를 전송할 수 있어요.
   ➡ 可以一边进行网络搜索，一边传送网页。
   Kěyǐ yìbiān jìnxíng wǎngluò sōusuǒ, yìbiān chuánsòng wǎngyè.

긴 회화 Dialogue

🎧 12-2

A 欢迎光临！几位？
Huānyíng guānglín! Jǐ wèi?

B 四个人。我们预订了桌位。
Sì ge rén. Wǒmen yùdìng le zhuōwèi.

A 为了①确认，请告诉我您的姓名和电话号码。
Wèile quèrèn, qǐng gàosu wǒ nín de xìngmíng hé diànhuà hàomǎ.

B 王丽丽。电话号码是133-6612-2744。②
Wáng Lìlì. Diànhuà hàomǎ shì yāo sān sān - liù liù yāo èr - èr qī sì sì.

A 好的。你们把包放在这儿吧。
Hǎo de. Nǐmen bǎ bāo fàngzài zhèr ba.

这是菜单。
Zhè shì càidān.

B 你们的招牌菜是什么？
Nǐmen de zhāopáicài shì shénme?

A 我们的招牌菜是红烧肉。很好吃！
Wǒmen de zhāopáicài shì hóngshāoròu. Hěn hǎochī!

B 好。我们先看一下菜单，然后再点菜，行吗？
Hǎo. Wǒmen xiān kàn yíxià càidān, ránhòu zài diǎncài, xíng ma?

A 行。没问题。
Xíng. Méi wèntí.

A 어서 오세요! 몇 분이세요?
B 네 명이에요. 자리를 예약했어요.
A 확인을 위해서 성함과 전화번호를 말씀해주세요.
B 왕리리. 전화번호는 133-6612-2744이에요.
A 알겠습니다. 가방은 여기에 두세요. 이건 메뉴예요.
B 여기 대표 메뉴가 뭐죠?
A 저희 대표 메뉴는 홍샤오로우예요. 맛있어요!
B 알겠어요. 먼저 메뉴 좀 보고 난 후에 다시 주문할게요. 괜찮죠?
A 네. 그러세요.

단어 12-3

位 wèi 양 분, 명(사람 수를 높여서 세는 단위) | 为了 wèile 전 ~을(를) 위하여 | 确认 quèrèn 동 확인하다 | 电话 diànhuà 명 전화 | 号码 hàomǎ 명 번호 | 招牌菜 zhāopáicài 명 대표 메뉴, 간판 요리

표현 TIP
① 为了는 '~을(를) 위하여'라는 뜻으로 뒤에 목적을 나타내는 내용이 온다.
② 방 번호, 교통수단의 번호, 전화번호 등에 쓰이는 숫자 1, 즉 一는 일반적으로 yāo로 읽는다.

✓ 학습 Check 1

1 우리말 문장을 중국어로 적으세요.

① 어서 오세요!
_____

② 저에게 당신의 성함과 전화번호를 알려주세요.
_____

③ 가방은 여기에 두세요.
_____

④ 먼저 메뉴를 본 후에 다시 주문할게요.
_____

2 빈칸에 알맞은 대화를 넣어 말해보세요.

① A 你们几位?

　B _____ (Sì ge rén. Wǒmen yùdìng le zhuōwèi.)

② A _____ (Qǐng gàosu wǒ nǐ de shǒujī hàomǎ.)

　B 我的手机号码是133-6612-2744。

③ A _____ (Nǐmen de zhāopáicài shì shénme?)

　B 我们的招牌菜是红烧肉。

④ A 你们要点什么?

　B _____ (Xiān diǎncài, ránhòu zài diǎn yǐnliào.)

긴 회화 Dialogue

A 快放假了，你什么时候回国？
Kuài fàngjià le, nǐ shénme shíhou huíguó?

B 这次我不回国。
Zhècì wǒ bù huíguó.

A 你不是说放假回国吗？
Nǐ bú shì shuō fàngjià huíguó ma?

B 我考试没及格。我被妈妈骂了一顿①。
Wǒ kǎoshì méi jígé. Wǒ bèi māma mà le yí dùn.

我要在这儿好好儿②学习。
Wǒ yào zài zhèr hǎohāor xuéxí.

A 太可惜了。不过你可以一边学习，
Tài kěxī le. Búguò nǐ kěyǐ yìbiān xuéxí,

一边跟我们一起玩儿。
yìbiān gēn wǒmen yìqǐ wánr.

B 你说得对！如果经常跟你在一起，
Nǐ shuō de duì! Rúguǒ jīngcháng gēn nǐ zài yìqǐ,

我的口语水平会越来越好。
wǒ de kǒuyǔ shuǐpíng huì yuèláiyuè hǎo.

A 那是当然了！下次你一定能及格。
Nà shì dāngrán le! Xiàcì nǐ yídìng néng jígé.

A 곧 방학이야. 언제 귀국하니?
B 이번에는 안 돌아가.
A 방학하면 돌아간다고 하지 않았어?
B 시험을 통과하지 못했거든. 엄마한테 한바탕 야단맞았어. 여기서 열심히 공부할 거야.
A 안 됐네. 하지만 공부하면서 우리와 함께 놀 수 있잖아.
B 네 말이 맞아! 너와 자주 같이 있으면 회화 실력도 점점 좋아질 거야.
A 그야 당연하지! 다음엔 꼭 통과할 수 있어.

단어 12-5
回国 huíguó 동 귀국하다 | 这次 zhècì 대 이번 | 及格 jígé 동 통과하다, 합격하다 | 骂 mà 동 꾸짖다, 질책하다 | 顿 dùn 양 번, 차례, 바탕 | 好好儿 hǎohāor 형 잘, 제대로 | 可惜 kěxī 형 아쉽다, 안타깝다 | 口语 kǒuyǔ 명 회화, 입말 | 水平 shuǐpíng 명 수준, 실력

표현 TIP
① 一顿은 '한 바탕', '한 차례'의 뜻이다.
② 好好儿은 회화에서 주로 쓰며, 성조는 hǎohāor로 발음한다.

✓ 학습 Check 2

1 우리말 문장을 중국어로 적으세요.

① 곧 방학이에요.
_____

② 엄마에게 한바탕 야단맞았어요.
_____

③ 당신 말이 맞아요!
_____

④ 공부하면서 우리와 함께 놀 수 있어요.
_____

2 빈칸에 알맞은 대화를 넣어 말해보세요.

① A 你什么时候回去?

　 B _____ (Xiàzhōu huíqù.)

② A 这次我不回国。

　 B _____ (Nǐ bú shì shuō fàngjià huíguó ma?)

③ A 你放假打算做什么?

　 B _____ (Wǒ dǎsuàn yìbiān xuéxí, yìbiān dǎgōng.)

④ A 如果经常跟你在一起,_____

　　(Wǒ de kǒuyǔ shuǐpíng huì yuèláiyuè hǎo.)

　 B 那是当然了！

자·신·만·만 복습 II

 07~12과의 학습 내용을 핵심 표현만 콕콕 짚어 복습합니다.

- ✓ 듣기 Check up!
- ✓ 단어 Check up!
- ✓ 문장 Check up!
- ✓ 회화 Check up!
- ✓ 쓰기 Check up!

듣기 Check up!

1 녹음을 듣고 한자와 뜻을 적으세요. 🎧 복습 2-1

① _____

② _____

③ _____

④ _____

⑤ _____

⑥ _____

⑦ _____

⑧ _____

2 녹음을 듣고 알맞은 그림을 찾으세요. 🎧 복습 2-2

① ☐   ② ☐   ③ ☐   ④ ☐

A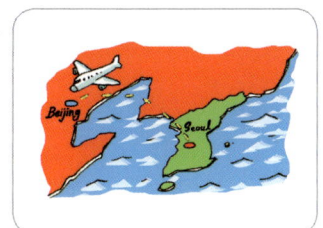

B

C

D

단어 Check up!

3 빈칸에 알맞은 단어 퍼즐을 넣으세요.

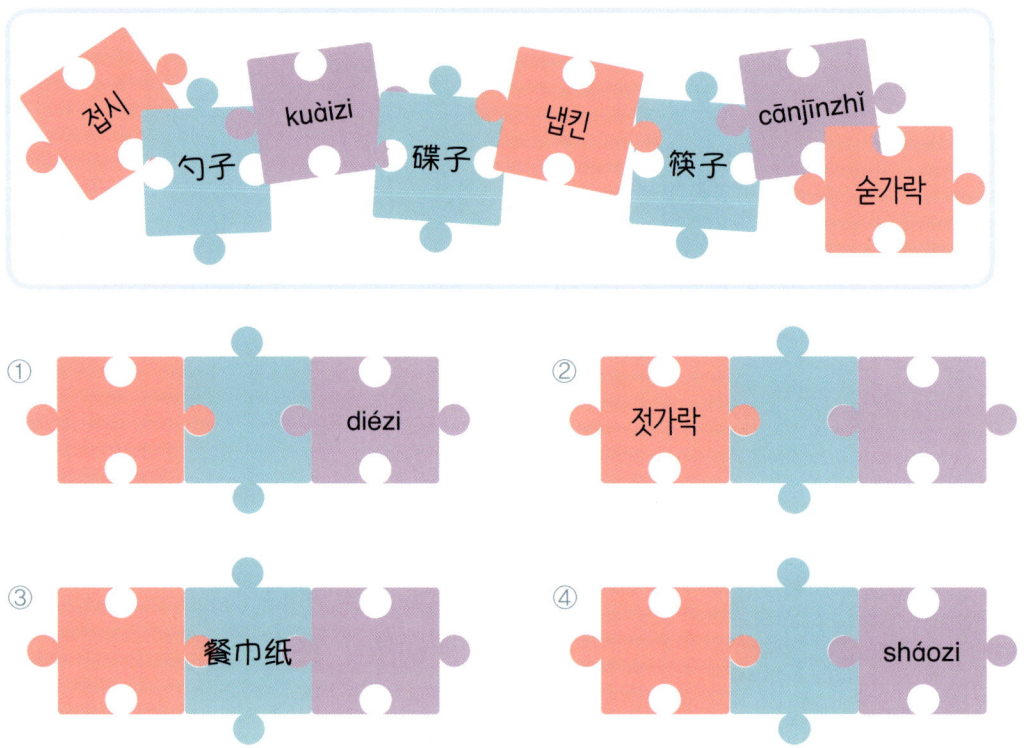

문장 Check up!

4 우리말 문장을 중국어로 적으세요.

① 고속열차가 일반열차보다 두 배 빨라요. ➡ _____

② 만약 시간이 되면 제 공연을 보러 와요. ➡ _____

③ 옷과 가방은 여기에 두세요. ➡ _____

④ 유용한 앱들이 점점 많아져요. ➡ _____

회화 Check up!

5 그림을 보며 상황에 어울리는 대화를 완성하세요.

①

A _____
B 去年去香港旅行的时候坐过。
A 机票多少钱?

②

A 你经常听什么样的音乐?
B _____
A 我以为你喜欢听流行歌。

③

A 欢迎光临!
B _____
A 请稍等。我确认一下。

④

A _____
B 怎么了? 她为什么把你甩了?
A 昨天我们吵架了。

쓰기 Check up!

6 큰소리로 읽으며 한자를 써보세요.

手机 shǒujī 휴대전화

手 手 手 手 手
机 机 机 机 机 机

花钱 huāqián 돈을 쓰다, 소비하다

花 花 花 花 花 花 花
钱 钱 钱 钱 钱 钱 钱 钱 钱 钱

打算 dǎsuàn ~할 계획이다, ~하려고 하다

打 打 打 打 打
算 算 算 算 算 算 算 算 算 算 算 算 算

如果 rúguǒ 만약 ~이라면

如 如 如 如 如 如
果 果 果 果 果 果 果 果

预订 yùdìng 예약하다

预	订				

预 预预预预预预预预预 订 订订订订

告诉 gàosu 알려주다, 말하다

告	诉				

告 告告告告告告 诉 诉诉诉诉诉诉诉

搜索 sōusuǒ 검색하다

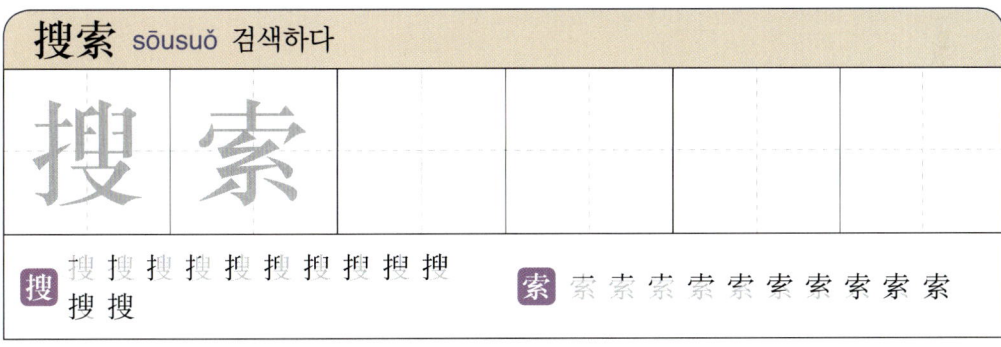

搜 搜搜搜搜搜搜搜搜搜搜搜 索 索索索索索索索索索索

下载 xiàzài 다운로드하다

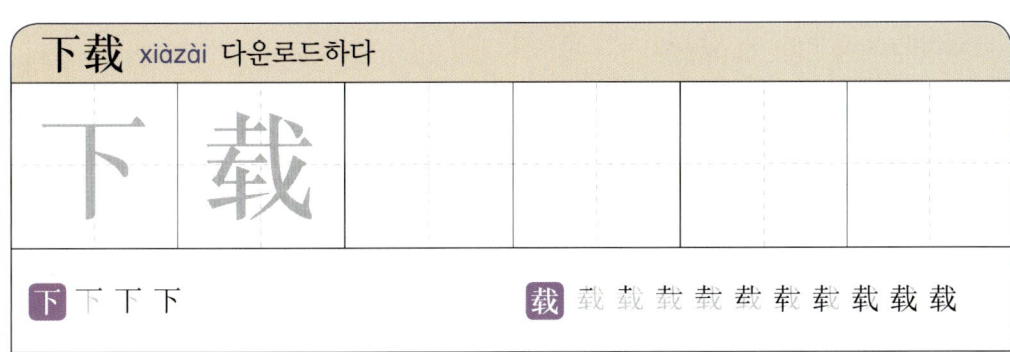

下 下下下 载 载载载载载载载载载

모범 답안

- 01~12 학습 Check
- 복습 I · II

01
학습 Check ✓   19p

1. ① 假期 jiàqī
   ② 旅行 lǚxíng
   ③ 美丽 měilì
   ④ 难 nán
   ⑤ 担心 dānxīn
   ⑥ 下次 xiàcì

2. Ⓐ ①   Ⓑ ②   Ⓒ ③

3. Ⓐ ③   Ⓑ ①   Ⓒ ①

4. ① 旅行玩儿得怎么样？
   ② 一会儿给你看看。
   ③ 我上星期考了汉语考试。

02
학습 Check ✓   31p

1. ① 介绍 jièshào
   ② 认识 rènshi
   ③ 帅 shuài
   ④ 热情 rèqíng
   ⑤ 流利 liúlì
   ⑥ 善良 shànliáng

2. Ⓐ ②   Ⓑ ③   Ⓒ ③

3. Ⓐ ①   Ⓑ ③   Ⓒ ②

4. ① 我认识了一个外国朋友。
   ② 他汉语说得非常流利。
   ③ 你们俩是怎么认识的？

03
학습 Check 1 ✓   37p

1. ① 假期过得怎么样？
   ② 我去中国旅行了。
   ③ 真羡慕你！
   ④ 你也一定要去中国旅行。

2. ① 最近过得怎么样？
   ② 你都去了什么地方？
   ③ 玩儿得很开心。
   ④ 拍了很多照片。

학습 Check 2 ✓   39p

1. ① 我给你介绍一下我的朋友。
   ② 你们互相认识一下。
   ③ 你的发音很好。
   ④ 我觉得中国人又热情又大方。

2. ① 认识你我也很高兴！
   ② 我是三年前来中国的。
   ③ 我对中国文化很感兴趣。
   ④ 我觉得他又帅又酷。

04

학습 Check 49p

1. ① 喂 wéi
   ② 准备 zhǔnbèi
   ③ 总是 zǒngshì
   ④ 迟到 chídào
   ⑤ 已经 yǐjīng
   ⑥ 开始 kāishǐ

2. Ⓐ ③ Ⓑ ③ Ⓒ ①

3. Ⓐ ② Ⓑ ① Ⓒ ③

4. ① 我正在做饭呢。
   ② 你一说我就饿了。
   ③ 我已经等了你三十分钟了。

05

학습 Check 61p

1. ① 时间 shíjiān
   ② 每天 měitiān
   ③ 电视剧 diànshìjù
   ④ 熬夜 áoyè
   ⑤ 爱好 àihào
   ⑥ 棒 bàng

2. Ⓐ ② Ⓑ ① Ⓒ ②

3. Ⓐ ① Ⓑ ② Ⓒ ③

4. ① 我的爱好是滑雪。
   ② 今天我做了三道菜。
   ③ 我每周一定要看两部电影。

06

학습 Check 1 67p

1. ① 我在看电视呢。
   ② 你一说我就饿了。
   ③ 你怎么总是迟到啊?
   ④ 我看,你吃得太多了。

2. ① 你在干什么呢?
   ② 你有事吗?
   ③ 我已经等了你三十分钟了。
   ④ 你哪儿不舒服吗?

학습 Check 2 69p

1. ① 你喜欢什么运动?
   ② 我喜欢游泳。
   ③ 别开玩笑了。
   ④ 没想到你会做菜。

2. ① 我每天游一个小时。
   ② 我不会游泳。
   ③ 你的爱好是什么?
   ④ 味道好极了!

복습 I 71p

1. ① 旅行 여행하다
   ② 照片 사진
   ③ 担心 걱정하다
   ④ 介绍 소개하다
   ⑤ 电脑 컴퓨터
   ⑥ 开始 시작하다
   ⑦ 比赛 경기, 시합
   ⑧ 爱好 취미

2. ① B ② C ③ D ④ A

   🎧 녹음 내용
   ① 别给我拍照。我不喜欢拍照。
   ② 没想到你还会跳舞！棒极了！
   ③ 她正在睡觉呢。
   ④ 他特别爱玩儿游戏。

3. ① 축구 — 足球 zúqiú
   ② 수영 — 游泳 yóuyǒng
   ③ 야구 — 棒球 bàngqiú
   ④ 스키 — 滑雪 huáxuě

4. ① 假期过得怎么样？
   ② 她又漂亮又善良。
   ③ 你一说我就饿了。
   ④ 你的爱好是什么？

5. ① 考试考得怎么样？
   ② 你是什么时候来中国的？
   ③ 你哪儿不舒服？
   ④ 你每天练多长时间？

07 학습 Check ✓ 85p

1. ① 公交车 gōngjiāochē
   ② 需要 xūyào
   ③ 手机 shǒujī
   ④ 结账 jiézhàng
   ⑤ 方便 fāngbiàn
   ⑥ 花钱 huāqián

2. Ⓐ ③   Ⓑ ②   Ⓒ ①

3. Ⓐ ②   Ⓑ ③   Ⓒ ①

4. ① 坐出租车最快。
   ② 我用手机结过账。
   ③ 花钱比以前更多了。

08 학습 Check ✓ 97p

1. ① 周末 zhōumò
   ② 打算 dǎsuàn
   ③ 事情 shìqing
   ④ 成为 chéngwéi
   ⑤ 原来 yuánlái
   ⑥ 著名 zhùmíng

2. Ⓐ ③   Ⓑ ①   Ⓒ ②

3. Ⓐ ①   Ⓑ ①   Ⓒ ②

4. ① 今天的演出真的很棒。
   ② 我以为你不喜欢摇滚。
   ③ 我要听爵士或者古典音乐。

09

학습 Check 1 103p

1. ① 你坐过高铁吗?
   ② 上次去韩国旅行的时候坐过。
   ③ 高铁比普通火车快两倍。
   ④ 票价跟机票差不多。

2. ① 我没坐过飞机。
   ② 从首尔到釜山只需要两个半小时。
   ③ 高铁票价比普通火车更贵。
   ④ 跟去售票厅买票价格一样。

학습 Check 2 105p

1. ① 你给我推荐一下。
   ② 中国歌或者韩国歌都喜欢。
   ③ 如果有时间的话,一起去看演唱会吧。
   ④ 因为我很喜欢演唱会的气氛,所以经常去。

2. ① 流行歌或者英文歌都喜欢。
   ② 周末我还没有打算。
   ③ 如果没有其他事情,我就去。
   ④ 是,经常跟朋友一起去热闹热闹。

10

학습 Check 115p

1. ① 预订 yùdìng
   ② 欢迎 huānyíng
   ③ 菜单 càidān
   ④ 点菜 diǎncài
   ⑤ 饮料 yǐnliào
   ⑥ 打包 dǎbāo

2. Ⓐ ②　　Ⓑ ①　　Ⓒ ①

3. Ⓐ ①　　Ⓑ ③　　Ⓒ ②

4. ① 请告诉我您的姓名。
   ② 我看看有什么饮料。
   ③ 我要把剩下的菜打包一下。

11

학습 Check 127p

1. ① 吵架 chǎojià
   ② 冷静 lěngjìng
   ③ 分手 fēnshǒu
   ④ 和好 héhǎo
   ⑤ 搜索 sōusuǒ
   ⑥ 下载 xiàzài

2. Ⓐ ①　　Ⓑ ②　　Ⓒ ②

3. Ⓐ ②　　Ⓑ ②　　Ⓒ ①

4. ① 他好像把我拉黑了。
   ② 你应该冷静一点儿。
   ③ 有用的应用程序越来越多了。

12

학습 Check 1 133p

1. ① 欢迎光临！
   ② 请告诉我您的姓名和电话号码。
   ③ 你把包放在这儿吧。
   ④ 先看一下菜单，然后再点菜。

2. ① 四个人。我们预订了桌位。
   ② 请告诉我你的手机号码。
   ③ 你们的招牌菜是什么？
   ④ 先点菜，然后再点饮料。

학습 Check 2 135p

1. ① 快(要)放假了。
   ② 我被妈妈骂了一顿。
   ③ 你说得对！
   ④ 你可以一边学习，一边跟我们一起玩儿。

2. ① 下周回去。
   ② 你不是说放假回国吗？
   ③ 我打算一边学习，一边打工。
   ④ 我的口语水平会越来越好。

복습 II 137p

1. ① 方便 편리하다
   ② 周末 주말
   ③ 预订 예약하다
   ④ 姓名 이름
   ⑤ 菜单 메뉴, 메뉴판
   ⑥ 免费 무료로 하다
   ⑦ 搜索 검색하다
   ⑧ 下载 다운로드하다

2. ① D   ② B   ③ A   ④ C

   🎧 녹음 내용

   ① 因为路上堵车，所以他还没到。
   ② 她在一边听音乐，一边看书。
   ③ 从首尔到北京坐飞机需要两个小时。
   ④ 我以为他是普通学生，原来是音乐天才。

3. ① 접시   碟子   diézi
   ② 젓가락 筷子   kuàizi
   ③ 냅킨    cānjīnzhǐ
   ④ 숟가락 勺子   sháozi

4. ① 高铁比普通火车快两倍。
   ② 如果有时间的话，来看我的演出吧。
   ③ 你把衣服和包放在这儿吧。
   ④ 有用的应用程序越来越多了。

5. ① 你坐过飞机吗？
   ② 我经常听爵士或者古典音乐。
   ③ 我昨天预订了。
   ④ 我被甩了。